SLAUGHTERHOUSE NEWS:
HELLRAISER REMAKE +++ CUJO REMAKE +++ MAGGIE +++ 12 MONKEYS +++ ARMY OF DARKNESS 2 +++ INBREED HAT UNCUT DIE KJ +++ TRICK´R TREAT 2 +++ FROM DUSK TILL DAWN – DIE SERIE +++ SEE NO EVIL 2 +++ SHARKNADO 2 & MEGA SHARK 3 +++ NOCH VIEL MEHR CONJURING +++ POLTERGEIST REMAKE +++ TRICK´R TREAT 2 THE PURGE 2 +++ SCREAM – DIE SERIE +++

UPCOMING TERROR:
AVALANCHE SHARKS +++ THE DEAD 2: INDIA +++ THE GREEN INFERNO +++ CABIN FEVER 3: PATIENT ZERO +++ PARANORMAL ACTIVITY: THE MARKED ONSE +++ WOLF CREEK 2 +++ NINJA 2 +++ DEAD SNOW 2 +++ THE RAID 2 +++ HELIX +++ HUMAN CENTIPEDE 3 +++

FRISCHFLEISCH REVIEWS:
I SPIT ON YOUR GRVE 2 +++ AFTERSHOCK +++ HATCHET 3 +++ V/H/S 2 +++ CURSE OF CHUCKY

ABGEFERTIGT:
NO ONE LIVES +++ 13 ERIE +++ DEAD IN TOMBSTONE +++ MIMESIS – NIGHT OF THE LIVING DEAD +++ BOUNTY KILLER +++ STATE OF EMERGENCY +++ FRESH MEAT +++ FRIGHT NIGHT 2 +++ BLOODY HOMECOMING +++ OUTPOST 3 – OPERATION SPETSNATZ +++ HOOLIGANS 3 +++ ZOMBIE HUNTER +++

DIE KLAPPSMÜHLE:
GHOST SHARK +++ RAGING CAJUN REDNECK GATORS +++ SHARKNADO +++

GRINDHOUSE LOUNGE: DEATH WISH 3 –
DER RÄCHER VON MANHATTAN

HORROR IN DER 3: DIMENSION:
WORLD WAR Z

SPECIAL:
5 MÖGLICHE SZENARIEN FÜR DAS THE WALKING DEAD SPIN-OFF

Impressum: Fornits-Fronus-Verlag Adrian Majewski
Redaktionelle Leitung: Adrian Majewski. Redaktion: Andreas Port,
Adrian Majewski. Herstellung und Verlag: BoD -Books on Demand, Norderstedt; ISBN 978-3-7322-8950-9 Kontakt:
Online: filmausweider.blog.de

SLAUGHTERHOUSE NEWS

FROM DUSK TILL DAWN WIRD SERIE!

Ob die Fans nun darauf gewartet haben (vielleicht ohne es überhaupt zu wissen), kann jeder Einzelne für sich selbst entscheiden (zur Not bei Sichtung); aber Fakt ist, es wird ein wiedersehen mit den Gecko-Brüdern und den Vampiren aus dem Titty Twister geben. Denn für den Launch seinen neuen englischsprachigen, mexikanischen Senders „El Rey Network" im Frühjahr 2014, wird Robert Rodriguez genau Diese, in der von ihm produzierten „From Dusk till Dawn"-Serie, wieder auf die interessierte Zuschauerschaft los lassen.
Der Dreh hat bereits begonnen und Rodriguez fungiert nicht nur als Produzent, sondern inszeniert auch die ersten zwei Episoden, der zehnteiligen ersten Season.
Die Rollen der Gecko-Brüder werden von D.J. Cotrona („GI Joe: Die Abrechnung", „Detroit 1-8-7") als Seath und Zane Holtz (hat bisher überwiegend Nebenrollen in diversen TV-Serien) als geisteskranker Richi. Auch Robert Patrick („Terminator 2", „Akte X") soll mit von der Partie sein.
Die Serie soll sich stark am Film orientieren und offenbar eine Art ausgedehntes Remake darstellen, welches sich aber noch deutlich mehr mit den Hintergründen der einzelnen Figuren und dem Vampir-Mythos beschäfftigen.
Laut Rodriguez soll „der Film die Kurgeschichte und die Serie einen Roman" darstellen.
Man darf also auf das Frühjahr 2014 gespannt sein.

CUJO REMAKE

Kein Filmausweider ohne eine Stephen-King-Meldung Nun geht es um den bereits 1983 verfilmten Hunde-Schocker in dem ein mit Tollwut infizierter Bernhardiner seine Besitzer tötet und auf einer abgelegen Farm eine Frau und ihren Sohn in ihrem Auto belagert. Geplant wird das Remake aktuell vom Produktionsstudio Sunn Classic Pictures, welche sich auch schon die Erstverfilmung verantwortlich zeigten, und aktuell nach Geldgebern für das Projekt suchen.

12 MONKEYS ALS SYFY-SERIE

Wurde da etwa jemand vom wilden Affen gebissen? Es mag ja viele Filme geben, die man sich vielleicht als Serie vorstellen könnte, doch Terry Gilliams exzentrisches Zeitreise-Abenteuer gehört eindeutig nicht dazu. Und doch trauen sich die Produzenten Charles Roven und Richard Suckle von Atlas Entertainment an das Projekt, welches zunächst als Pilot-Episode vom berüchtigten US-Cable-Sender Syfy bestellt wurde.

TALES FROM THE DARSIDE KEHRT INS TV ZURÜCK

Freunde der seriellen Horror-Anthologien können sich auf den Sommer 2014 freuen.
Dann kehrt die hierzulande als „Geschichten aus der Schattenwelt" bekannte Horrorserie ins US-TV auf dem Sender The CW („Supernatural", „Vampire Diaries", „Arrow") zurück.
Produziert wird die Neuauflage von den CBS-Studios und als Autor wurde u. a. auch Stpehen King Sprössling Joe Hill engagiert.
Die Länge der Episoden wird, wie schon das 80er-Original, jeweils 30 Minuten betragen. Dies dürfte allerdings die Brutto-Länge darstellen; wahrscheinlich werden es ohne Werbung 20 bis 24 Minuten sein.

SEE NO EVIL 2 IST IN ARBEIT

Schon etwas komisch, dass es so lange gedauert hat, bis es zu einer Fortsetzung kam.
Denn auch, wenn „See no Evil" 2006 in den US-Kino floppte, entwickelte sich der harte Old-School-Slasher auf DVD sehr schnell zu einem Erfolg und konnte weltweit eine ansehnlich Fangemeinde um sich scharren.
Hierzulande erregte der Film auch noch zusätzlich Aufmerksamkeit, weil er ausschließlich zensiert veröffentlicht wurde (Für die FSK stark / für die JK nur in einer Szene) und es bis zur diesjährigen Veröffentlichung auf Blu Ray keine ungeschnittene Fassung gab.
Nun ist es auf jeden Fall soweit und wenn man sich die bisherigen Daten anschaut; kann sich der geneigte Horror-Fan auf ein richtiges Horror-Schmuckstück freuen.

So zeichnen sich diesmal die Soska-Schwestern, welche zuletzt mit „American Marry" überzeugen konnten für die Regie verantwortlich und bringen auch gleich ihre Hauptdarstellerin, die liebreizende Katharine Isabelle („Ginger Snaps") mit. Zum Cast hat sich dann auch noch mit der Schnuckelmaus Danielle Harris („Hatchet") eine weitere zeitgenössische Scream-Queen dazu gesellt.
Die Rolle des Hacken bewehrten und Augen sammelnden Killers Jacob Goodnight übernimmt wieder Glenn "Kane" Jacobs.
Erscheinen dürfte das fröhliche Schlachten dann im Herbst 2014.

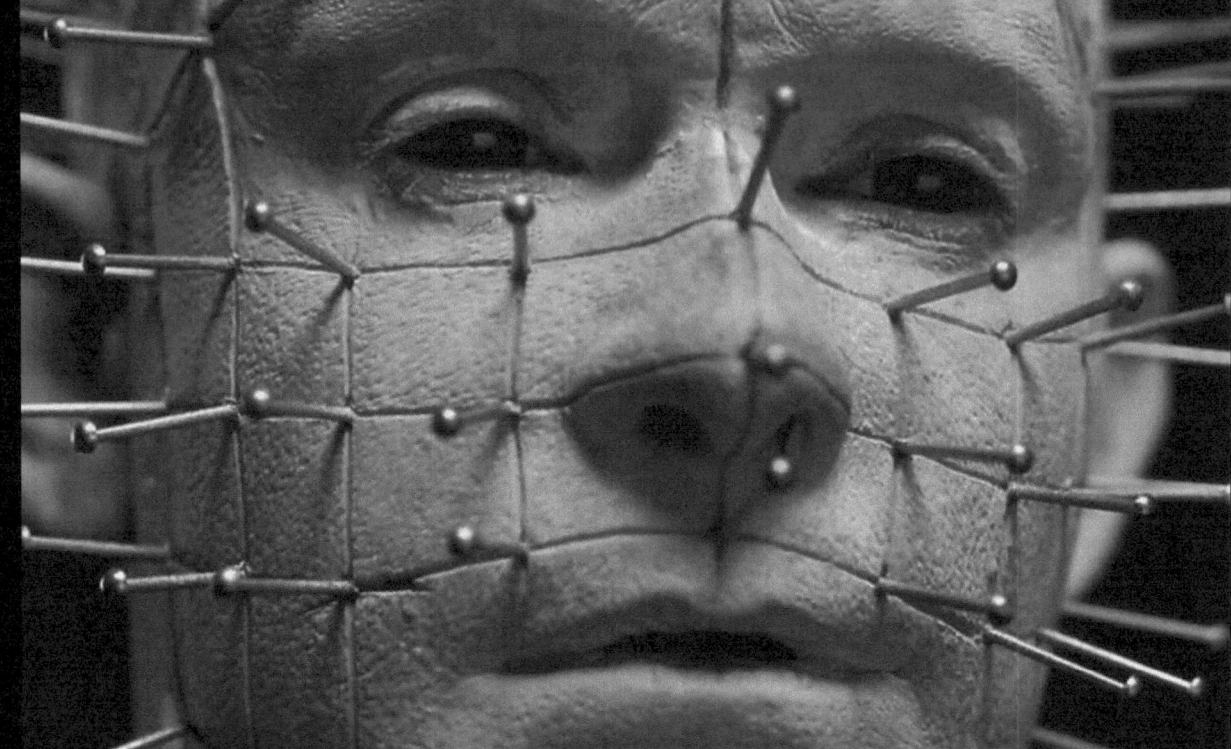

CLIVE BARKER SCHREIBT DAS HELLRAISER REMAKE

Wird endlich gut, was lange währt? Nachdem sich Jahre lang die unterschiedlichsten Regisseure die Zähne an dem Versuch ausgebissen haben, ein offizielles „Hellraiser"-Remake auf die Beine zu stellen, solle es nun Clive Barker persönlich richten. Der geistige Ur-Vater der literarischen und filmischen Vorlage hat nun offiziell über seine Facebook-Seite verkündet, dass er sich an das Schreiben eines Drehbuchs für Dimension gemacht hat und er sich auch dafür stark machen wird, dass Doug Bradley wieder die Rolle des Pinhead bekleiden soll.
Zudem wurde verkündet, dass der neue „Hellraiser" definitiv ein R-Rated-Movie werden sollte; um alle möglichen PG-13-Gerüchte im Keim zu ersticken.
Hoffen wir mal, dass alles hinhaut.
Denn wenn Clive Barker persönlich das nicht hinbekommt, wer dann?!

SHARKNADO 2 & MEGA SHARK 3

Und auch unsere Freunde von The Asylum arbeit kräftig an den Fortsetzungen zu ihren Erfolgsfilmen So wurde neben dem Sequel zum weltweit erfolgreichen „Sharknado 2" auch ein drittes Abenteuer des „Maga Shark 3" angekündigt. Beide Filme kann im Frühjahr/Sommer 2014 erwarten.

TRICK 'R TREAT 2 ANGEKÜNDIGT

Der kleine Kürbiskopf Sam kehrt zurück! Nach fünf Jahren und einem verdienten Kult-Status, als Ultimativer-Halloween-Film, wurde am 28. Oktober bei einer Sondervorstellung des ersten Films in Hollywood von Produzent Bryan Singer und Regisseur/Autor Michael Dougherty bestätigt, dass sich eine Fortsetzung in der frühen Phase der Vorbereitung befindet.

Dougherty wird sich auch diesmal wieder um das Drehbuch und die Regie kömmern.

Zur Handlung hat er sich nicht geäußert. Allerdings sagte Singer, dass es auf jeden Fall wieder den kleinen Sam geben und vielleicht auch ein paar Hintergrundinfos zu dem mysteriösen Kürbis-Killer offenbart werden.

Mit einem Drehbeginn ist frühstens Anfang 2014 zu rechnen.

THE CONJURING – GLEICH DREI SPIN-OFF'S IN VORBEREITUNG

Lasst uns die eierlegende Vollmilchsau melken bis die Zitzen qualmen!

..So, oder so ähnlich, müssen die geistigen Vorgänge bei den Verantwortlichen von Warner aussehen, wenn man sich mal auf der Zunge zergehen lässt, dass James Wan´s über die Massen erfolgreiche „The Conjuring" (bisher 360.000.000$ Einspiel, bei einem 20.000.000$ Budget) nicht nur eine Fortsetzung bekommt, sondern zudem auch noch gleich drei Spin-Offs in Auftrag gegeben werden, welche alle auf den Fällen von Ed und Lorrain Warren beruhen sollen. Zumindest zu einem dieser Spin-Off´s gibt's auch schon genauere Informationen. Das soll sich nämlich mit der Geschichte um die unheilvolle Puppe „Annabelle" beschäftigen und zeitlich vor „The Conjuring" angesiedelt sein. Für die Regie ist John R. Leonetti („Butterfly Effect 2") im Gespräch, welcher bei „The Conjuring" für die Kameraarbeit verantwortlich war und es auch bei der Fortsetzung sein wird.

POLTERGEIST REMAKE

Man mag davon halten, was man will. Doch Fakt ist, der neue „Poltergeist" lässt sich nicht mehr aufhalten! Das Projekt ist im vollen Gange und der Cast wird von Woche zur Woche größer. Mittlerweile wurden Sam Rockwell („Moon", „7 Psychos"), Jarred Harris („Mad Men", Moriarty in „Sherlock Holmes: Spiel im Schatten"), Rosemarie DeWitt („Standoff", „The Watch"), Saxon Sharbino („Julia X", „I spit on your Grave") und Jane Adams („Hung") eingestellt. Letztere nimmt die Rolle der hilfreichen Parapsychologin ein.
Zum Film selbst ist nur bekannt, dass es sich sowohl um ein Remake, als auch um eine Fortsetzung handeln soll, was auch immer das bedeuten soll.
Regie führt Gil Kenan („Monster House", „City of Amber").
Man darf ja zumindest gespannt sein, was er aus der Tobe Hooper/Steven Spielberg-Vorlage macht.
Ins Kino kommen soll der Film 2014.

MAGGIE – ARNOLD SCHWARZENEGGER ALS ZOMBIE-KILLER

Diesmal kommt nicht nur Arnie wieder!
...Sondern auch die Toten, im kommenden Zombie-Horror „Maggie"; in dem Arnold Schwarzenegger eine Farmer und verzweifelten Vater spielt, dessen Tochter sich langsam in einem Zombie verwandelt. Dabei wird die titelgebende Tochter von niemand geringeren als Zombieland-Nesthäkchen Abigail Breslin verkörpert.
Der Dreh hat bereits begonnen und auf dem Regie-Stuhl sitzt Spielfilmdebütant Henry Hobson. Mit einem Kinostart ist vor Sommer 2014 nicht zu rechnen.

AMC BRINGT NOCH MEHR THE WALKING DEAD

Ja, AMC hat demnächst noch mehr Zombies im Programm. Neben einer fünften Staffel der weltweit beliebten Zombieserie „The walking Dead" für Oktober 2014, wird nun auch an einem Spin-Off gearbeitet Diese soll dann 2015 über die amerikanischen (und wenn wir glück haben, deutschen) Bildschirme flattern. Noch ist nicht viel bekannt; aber wir haben uns eindringlich Gedanken über das Thema gemacht und die fünf wahrscheinlichsten Szenerien für das Spin-Off in einem Spezial zusammengefasst. - * Hinten im Heft.

ARMY OF DARKNESS 2

Ash, der einzig Wahre, kehr zurück!
Nach dem Remake schon von den Fans gänzlich aufgegeben, wird es nun doch noch eine weitere Fortsetzung zur originalen „Evil Dead"-Reihe geben!
So hat Sam Raimi bestätigt, dass er bereits das Drehbuch zu „Army of Darkness 2" schreibt und auch Bruce Campbell sagte, dass es definitiv einen weiteren Teil mit ihm als Ash geben wird..
Da darf man doch auf die kommenden Monate und Meldungen gespannt sein!

INBREED NUN DOCH UNCUT MT KJ-FREIGABE

Die Wege der FSK sind manchmal tatsächlich unergründlich; bzw. kann man mit den richtigen Argumenten und genug Ausdauer (das nötige Kleingeld nicht zu vergessen), doch noch eine Freigabe bekommen, auch wenn ein Film abgelehnt wurde.
So geschehen im Fall des derben Backwood-Splatters „Inbred" welcher nun Monate nach deutscher Veröffentlichung, in der dritten und letztmöglichen FSK-Prüfung durch den Appellationsausschuss eine Freigabe gewährt wurde.
Es wurde damit argumentiert, dass die Gewalt durch den Humor des Films abgemildert wurde, die inzüchtigen Hinterwäldler nicht als Identifikationsfiguren taugen und die Gegenwehr der Opfer durch die Notwehr legitimiert wird.
Der deutsche Kunde hat davon allerdings vorerst nichts, da bisher keine Veröffentlichung der Uncut-Fassung angekündigt wurde, und natürlich auch zuerst die Lagerbestände der stark zensierte Fassung halbwegs abgestoßen werden müssen.

SCREAM WIRD MTV-SERIE

Wie es sich nun mal für einen erfolgreichen Slasher gehört: Es will einfach kein Ende nehmen!
So hat sich der US-Sender MTV, welcher seit geraumer Zeit schon mit „Teen Wolf" sehr erfolgreich ist und den Fun-Splatter „Death Valley" fabrizierte, sich nun die Rechte an Wes Cravens kultiger Schlitzer-Hommage gesichert und werkelt fröhlich an einer TV-Umsetzung des Stoffes.
Bisher ist noch nicht all zu viel bekannt zur Produktion. Außer, dass „Sream – The Series" sich nur lose an der Vorlage orientieren und eher eine übernatürliche Richtung einschlagen wird.

THE PURGE 2 BESTÄTIGT

Alle Jahre wieder eine Säuberung?
Zwar mag „The Purge – Die Säuberung" bei der Kritik eher durchwachsen angekommen sein; am Erfolg des futuristischen Home-Invasion-Thrillers hat das aber nichts geändert.
Mit einem Budget von gerade mal drei Millionen Dollar und einem Einspiel von 34.000.000 am Eröffnungswochenende (über 64.000.000 weltweit) gehört „The Purge" zu den erfolgreichsten Filmen 2013.
Ganz klar, ein Sequel muss her!
Regie soll wieder James DeMonaco führen. Zum Cast ist noch nichts bekannt. Veröffentlichung soll Juni 2014 sein.

UPCOMING TERROR

WAS UNS DIE NAHE ZUKUNFT AN FILMEN BRINGT

AVALANCHE SHARKS

Zombie-Ausbruchs und lassen ihn dabei allerhand gefährlicher Abenteuer erleben. Dieses mal, den amerikanischen Turbinen-Techniker Nicholas Burton; welcher eine verboten Beziehung zu einer Einheimischen unterhält und nach dem Ausbruch der Infektion versucht, über die Distanz von 300 Meilen, zu ihr zu gelangen. Der Trailer verspricht ein wahres Zombie-Epos, das sogar den ersten Teil in den Schatten stellen dürfte!

Von einer Lawine wiedererweckte Haie, die in den Bergen am Bikini Snow Day jagt auf knapp bekleidetes Partyfolk machen! Hm, das riecht doch irgendwie nach The Asylum. Und wenn man bedenkt, dass Regisseur Scott Wheeler (u.a. „Transmorphers 2", „Milf") fast ausschließlich für die Trash-Schmiede tätig war, dürften auch die Lawinen-Hai aus der Klappsmühle stammen. Doch selbst wenn nicht...
Durch den Schnee nach Bikini-Schönheiten jagende Haie in den Bergen! Das wird Wahnsinn und ein Muss für jeden Trash-Fan!

THE DEAD 2 - INDIA

Es ist wieder Zombie-Apokalypse angesagt! Nach dem die lebenden Toten in „The Dead" bereits den afrikanischen Kontinent überrannt haben, ist diesmal das nicht minder exotische Indien dran. Wieder schicken die Ford-Brüder, Howard und Jonathan, einen armen Mann durch die Wirren des

THE GREEN INFERNO

Eli Roth („Hoster 1&2", „Cabin Fever") kehrt bald wieder mit einem eigenen Film ins Terror-Genre zurück und nimmt sich diesmal dem berühmt berüchtigten Kannibalen-Film a la „Cannibal Holocaust" und „Eaten Alive" an.

"Green Inferno" stürzt eine Gruppe von Studenten und Umwelt-Aktivisten im peruanischen Dschungel ab und stoßen schon sehr Bald auf einen Stamm von Eingeborenen, die die Neuankümmlinge zum fressen gern haben. Der Film erscheint in Deutschland am 13. Februar und feiert damit seine weltweite Heimkino-Premiere.
Ob unzensiert, oder nicht, wird sich noch zeigen.

CABIN FEVER 3 – PATIENT ZERO

Es gibt einfach keine Heilung vor der Ekel-Seuche.
Nachdem schon ein paar Teens im ersten Teil und dann die Hinterwäldler-Gemeinde im der Fortsetzung mit den fleischfressenden Bakterien Bekanntschaft gemacht haben, trifft es nun wieder eine Gruppe junger Urlauber auf einer abgelegene Insel, die zu ihrem Schrecken feststellen mussten, dass genau dort an der Seuche geforscht wurde und etwas gehörig schief gelaufen ist.
Regie führte diesmal Kaare Andrews („Altitude") und erscheinen wird der Film am 6. Februar weltweit erstmals in Deutschland; und das sogar ungeschnitten mit Ab18-Freigabe auf DVD und BD .

PARANORMAL ACTIVITY: THE MARKED ONES

Die paranormalen Aktivitäten gehen weiter...
Noch bevor es im Oktober mit dem fünften Teil der Reihe weiter geht, kommt im Januar ein Latino-Spin-Off in die US- und deutschen Kinos.
In „Die Gezeichneten" findet der Teenager Jessy in der Wohnung seiner frisch ermordeten Nachbarin nicht nur allerlei Videos und okkultes Zeug, sondern auch ein Foto von sich selbst. Tags drauf wacht er mit einer seltsamen Bisswunde am Arm auf, und von da an beginnt der paranormale Alptraum...
Wieder im Found-Footage-Stil gedreht, verspricht der Trailer eine deutlich actionreichere und spektakulärer „Nebengeschichte" aus dem „Paranormal Activity"-Universum.
Man darf gespannt sein.

SEED 2 – THE NEW BREED

Tja, Uwe Boll präsentiert...
Und damit hat es sich dann auch mit der Beteiligung des umstrittenen Filmemachers mit der Fortsetzung seines beinharten slasher-Schockers „Seed". Er hat weder Regie geführt, noch produziert, oder am Drehbuch mitgewirkt; er kümmert sich einzig um den weltweiten Vertrieb. Verantwortlich für das Sequel ist kein Geringerer, als der noch umstrittnere Marcel Walz („La petit morte", „Schlaraffenhaus", „Plastic"), der den Film in der Wüste nahe Las Vegas abgedreht hat.
Im Film gerät eine Bande feierwütiger, junger Leute (darunter viele scharfe Mädels) in der Wüste von

Nevada an Max Seed und seine Verwandtschaft. Und fallen diesen natürlich zu Opfer.
Darunter übrigens „2001 Maniacs"-Milchmädche Christa Campbell und das deutsche Nacktmodel-C-Promie-Weibsviech Micheala Schäfer.

WOLF CREEK 2

Vollpsycho Mick Taylor kehrt zurück und nimmt wieder ein paar Touristen aufs Korn, die es in das australische Outback verschlagen hat.
Regie führt wieder Greg Mclean und der bereits veröffentlichte Trailer verspricht eine grimmig wilden Ritt ins Backwood-Horror-Genre.

DEAD SNOW 2

Das wurde aber auch Zeit. 4 Jahre nach dem durchschlagenden Erfolg des wilden Fun-Splatters kehren die Nazi-Zombies ins verschneite Norwegen zurück und machen jeden kalt, der es wagt sich über ihr Gold her zu machen. Tommy Wirkola ist wieder für die Regie verantwortlich und lässt nun den einzigen Überlebenden des ersten Teils mit einer Bande von professionellen Zombiejägern zur Jagd auf das untote Nazi Pack blasen.

NINJA 2 – SHADOW OF A TEAR

Und auch Scott Adkins kehr als Ninjitsu-Meister Casey Bowman zurück, welcher mittlerweile als Lehrer seine eigenen Kampfsport-Schule, zusammen mit seiner schwangeren Frau betreibt.
Nachdem gerade Diese unter ungeklärtem Umständen ermordet wird, taucht sein alter Freund Nakabara bei der Beerdigung auf und lädt Casey nach Thailand ein, um dort an seiner Schule zu unterrichten.
Auch dort gibt es bald einen ersten Toten, der Casey nahe steht und er erfährt nun, dass der böse Drogenbaron Goro, dessen Vater von Casey getötet wurde, hinter den Bluttaten steckt.
Es kommt zur leichenreichen Kontotation.
Die Regie führt wieder B-Action-Meister Isaac Florentine und die Rechte am deutschen Vertrieb hat sich wieder Splendit gesichert.

THE RAID 2: BERANDAL

Und noch ein Action-Sequel...
2014 werden es die Indonesier mit der Fortsetzung zum bluttriefenden Über-Hammer „The Raid" wieder gehörig krachen lassen.
Die Handlung soll direkt an den Vorgänger anknüpfen und diesmal über mehrere Schauplätze verteilt sein; was allerdings auch nichts dran ändert, dass sich der Held Rama wieder durch Horden böser Buben metzeln darf. Diesmal undercover in einem Gangster-Syndikat.
Auch hier führte wieder Gareth Evans die Regie.
Ein Kinostart ist noch nicht bekannt. Dafür aber gibt es bereits einen mehr als vielversprechenden ersten Trailer.

HELIX

Mit „Helix" meldet sich mal wieder Syfy mit einer neuen Serie zurück.
Und diese könnte es in sich haben. Denn darin werden Wissenschaftler der Seuchenschutz-Behörde Center for Disease Control and Prevention in die Arktis geschickt, um an einem neuen Virus zu forschen, welcher sogar die ganze Menschheit auslöschen könnte.
Doch bald müssen sie feststellen, dass sie den sich entwickelnden Erreger unterschätzt haben und ihnen die Situation aus den Fingern gleitet. Und ein Kampf ums blanke Überleben beginnt.
Der Trailer verspricht mit seinen sterilen Laborszenario und zombiehaften Infizierten hochwertigen Horror a la „Resident Evil".

HUMAN CENTIPIDE 3

Das Beste kommt bekanntlich zum Schluß.
Das gilt nicht nur für diese Ausgabe von Upcoming Terror, sondern hoffentlich auch für den dritten Teil der kultigen Trilogie um den menschlichen Hundertfüßler, desen Produktion bereits im Mai 2013 begonnen hatte.
Mittlerweile wurde auch bekannt gegeben, dass die Handlung diesmal in einen Knast verlegt wird, in dem eine verrückter Wissenschaftler sich zum Ziel macht einen menschlichen Hundertfüssler zu kreieren. Wie bisher auch ist Tom Six sowohl für Regie als auch Drehbuch verantwortlich. Und diesmal sind sogardie beiden Hauptdarsteller der ersten Teile, Dieter Laser und Laurence R. Harvey, mit von der Partie, wenn auch wieder in neuen Rollen. Genau so wie Bill Hutches, der Therapeut aus dem zweiten Teil. Zudem wurde auch Eric Roberts („Expendables") verpflichtet.
Und der Centipede soll diesmal ganze 500(!) „Komponenten" umfassen!
Das kann nur episch werden!

FRISCHFLEISCH REVIEWS

I SPIT ON YOR GRAVE 2

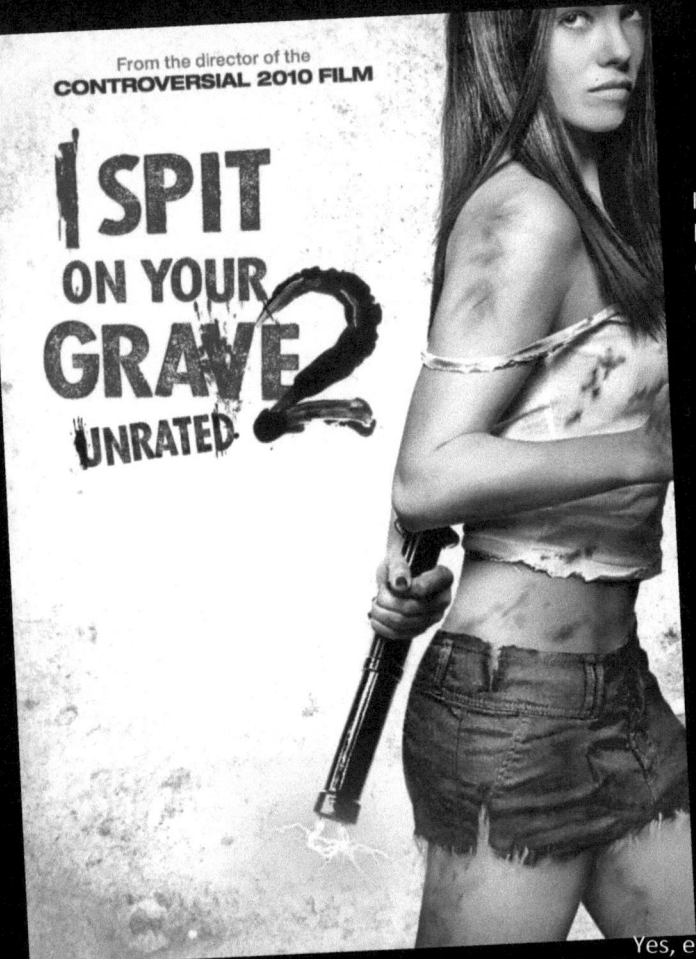

Katie will es in New York als Model zu was bringen; braucht aber erst mal einen ordentlichen Satz Fotos für die Agenturen. Weil professionelle Fotografen aber alles andere als billig sind; muss sich das taffe Mäde aber nach einer kostengünstigen Alternative umsehen und gerät so an das Studio dreier schmieriger Brüder, die schon während des Shootings mehr von ihr sehen wollen, als Katie bereit ist zu zeigen.

Doch das ist erst der Beginn eines endlosen Alptraum in dessen Zuge Katie vergewaltigt, nach Bulgarien entführt, erniedrigt, bestialisch gefoltert und lebendig begraben wird.

Nur durch einen Zufall gelingt es ihr zu entkommen und sich daran zu machen den Spieß für ihre Peiniger auf grausamste Weise umzudrehen.

TEIL 2

Yes, es darf wieder vergewaltigt, gerächt und gefoltert werden, denn die „I spit on your Grave"-Reihe meldet sich mit einem zweiten Teil zurück, bei dem schon von vorne herein versprochen wurde, dass er in Sachen Härte den ersten Teil in den Schatten stellen würde.
Und es sprach auch nichts dagegen, dass dieses Versprechen eingehalten würde.
Schließlich sollte auch Teil 2 von Steve R. Monroe in Szene gesetzt werde. Dieser hatte schon beim ersten Remake des (neben „Last House on the Left") berüchtigsten Vertreters des Rape-and-Revenge-Genres mit einem Mini-Budget von gerade mal zwei Millionen US-Dollar großartige Arbeit geleistet und das Thema mit schnörkelloser Härte im edelsten Gewand in die Gegenwart transferiert. Dafür sollte er auch wieder vergleichbare Mitteln zur Verfügung gestellt bekommen.

Zudem klang die vorab bekannt gegebene Story durchaus interessant und macht klar, dass man keine simple Fortsetzung des ersten Teils, sondern eine gänzlich neuen Geschichte serviert bekommen würde; welche im Übrigen wieder (wenn auch limitiert) in die Kinos kommen sollte - denn man darf nicht vergessen, dass (auch, wenn es in vielen Ländern nicht der Fall ist, und der Film DTV ausgewertet wird) Anchor Bay´s „I spit on your Grave" eine Kino-Reihe ist.   Durchaus gute Voraussetzungen für einen anständigen zweiten Teil also.

NEUE SPIELER... VERTRAUTES SPIEL...
UND DER WEG AUS DER DUNKELHEIT

Und, was soll man sagen?
Wer sich von dem ersten Teil begeistern ließ, wird es auch beim Zweiten sein.
Denn im Grunde unterscheiden sich die Filme nicht großartig von einander.
Die Handlung verläuft in ähnlichen Bahnen, und auch die Story ist eine leicht abgeänderte und um neue Ideen bereicherte Variation des Vorgängers.
Böse Zungen könnten nun das Wort „Aufguss" benutzen – und würden damit auch richtig liegen.
Doch manchmal kann es auch ganz gut sein, sich an bewährte Rezepte zu halten, statt mit Neuem zu experimentieren.
Zumal „I spit on your Grave 2" eben auch genau all das richtig macht, was schon der erste richtig gemacht hat. Verpackt in edle Bilder bekommt man hier blanke Gewalt und menschliche Abgründe in so intensiver Form präsentiert, dass es teilweise selbst für abgebrühte Horrorfreaks kaum zu ertragen ist.
Alles halbweg realistisch, ohne jedes Augenzwinkern, oder den Anflug von auflockerndem Humor; so dass der eigentlich eher in die Sparte Exploitation gehörende Stoff eben nicht nur wie exzessives Gewalt-Futter für Gorebauern rüber kommt, sondern sogar einen Hauch von cineastischen Anspruch vermittelt.
Zudem hat man auch ein paar handlungstechnische Schwächen des Vorgängers ausgebügelt.

So nimmt man sich nun zwischen dem Vergewaltigungs- und dem Rache-Part etwas Zeit um die Wiederauferstehung bzw. Genesung von Katie zu beleuchten, wodurch der Wandel vom Opfer zum Racheengel deutlich glaubwürdiger rüber kommt. Zudem wirkt die Handlung insgesamt auch etwas abwechslungsreicher, als es noch im ersten Teil der Fall war.
Ansonsten ist, wie gesagt, alles beim Alten.
Die Figuren der Peiniger wurden in den Charakterzügen etwas durchgemischt und nun auch um ein weibliches Mitglied ergänzt.
Hauptfigur Katie wirkt zwar etwas widerspenstiger, kann aber aber bis zum bitteren Ende auch nicht aus der Opfer-Rolle schlüpfen und überlebt nur durch Zufall.
Als kleine Neuerung gibt es diesmal auch zwei positive Nebencharaktere in Form eines Priesters und eines Polizisten, welche allerdings nur eine kleine Rolle für die Handlung spielen.
Was die schauspielerischen Leistungen angeht, gibt es hier übrigens nichts zu bemängeln. Zwar wurden überwiegend No-Names, die üblicher Weise mit kleinen Rollen (meist im TV) ihr Geld verdienen, besetzt; doch Diese wissen erstaunlicher Weise alle durchweg zu überzeugen.
Dabei vermag Katie-Darstellerin Jemma Dallender ihre Figur auch etwas charismatischer rüber zu bringen, als es Sahra Butler im ersten Teil tat.

MORE PAIN... MORE GAIN

nteressant sind die Änderungen im Gewalt-Bereich.
Obwohl hier auch wieder Alles nach bekannten Mustern (Vergewaltigung, Demütigung, Mordversuch, Rache) verläuft, gibt es doch signifikante Abweichungen zum ersten Teil.
So setzten die Vergewaltiger im ersten Teil eher auf Bedrohung und Einschüchterung um sich an ihrem Opfer vergehen zu können und trieben sie letztlich in den (vermeidlichen)Tod.
Das bulgarische Brüder-Trio (und ihre Helfer) dagegen, geht deutlich direkter und brutaler zur Sache. Hier gibt's sofort was in die Fresse, wenn sich die Katie beim Herunterreißen des Slips ziert und die "erste" Vergewaltigung setzt auch viel früher ein. Dazu kommen dann auch noch so derbe Sachen, wie Anpinkeln und das Penetrieren mit einem Elektroschocker.
Daraus ergibt sich, dass „I spit on your Grave" besonders auf psychologischer Ebene effektiver war und der Vergewaltigungs-Part beklemmender und unangenehmer wirkte, wehrend Part 2 dagegen wiederum roher und brutaler rüber kommt.
Das gilt auch für den Rache-Part, welcher diesmal etwas mehr Spielzeit eingeräumt bekommt.
Zwar ist die Bestrafung der einzelnen Bösewichte wieder thematisch an den Taten angelehnt, welche sie selbst begangen haben, doch geht Jenna Dallender´s Figur hier etwas weniger kreativ zur Sache, als ihre Vorgängerin, die ihre Peiniger auch mit aufwändigeren Konstruktionen traktierte; wehrend der dunkle Rache-Engel Katie ihrer Wut etwas direkter Geltung verschafft und lieber die Hand anlegt.
So bekommt der anspruchsvolle Gorehound dann auch eine der widerlichsten Ertränkungen der Filmgeschichte und so schöne Sachen, wie Hoden im Schraubstock und einen oral eingeführten Rohrreinigungsspirale im Einsatz, zu sehen.
Ja, auch im zweiten Teil gehört „I spit on your Grave" zum Härtesten, was der Mainstream zu bieten hat.

FAZIT: Alles was den ersten Teil ausmachte ist wieder dabei und es wird besonders im Rache-Part noch mal ordentlich eins drauf gelegt. Das ist derbste, aber edel verfilmte Terror-Kost für ganz angebrühte Genrefans mit hoher Schmerzgrenze.
Zudem ist die Handlung diesmal deutlich besser ausgearbeitet, spannender und auch fesselnder. Erwartungen übertroffen! **8 von 10 Punkte.**

FREIGABE:

Wie schon beim (mittlerweile beschlagnahmten) ersten Teil, war in Deutschland nicht mit einer unzensierten Fassung zu rechnen. Auch wurden mittlerweile mehrmals zensierte Fassungen von der FSK abgelehnt, weshalb Rechteinhaber Sunfilm sich vorerst gegen eine Veröffentlichung in Deutschland entscheiden hat. Uncut gibt den Film unzensiert von Illusion Unld. zu beziehen.

AFTERSHOCK

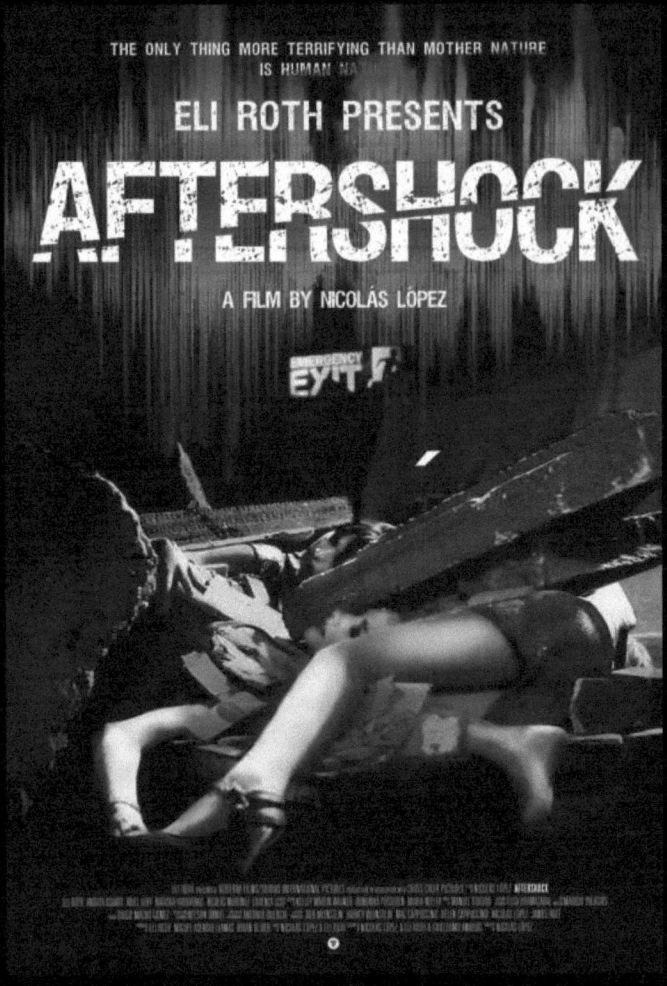

Alk, Party und Weiber...
Das ist alles was der verzogene Millionärssohn Pollo und seine zwei Freunde Gringo und Alex im Kopf haben, während sie durch Chiles Sehenswürdigkeiten und von einem Club zum Anderen ziehen.
Als sie dann noch die Schwestern Monica und Kylie, und deren russiche Model-Freundin treffen, scheint der wilde Urlaubstripp perfekt.
Doch leider macht ihnen ausgerechnet in einer unterirdischen Edeldisco ein ausgewachsenes Erdbeben einen gewaltigen Strich durch die Rechnung.
Nicht nur dass es in der Gruppe Schwerverletzte (und alsbald Tote) gibt und offenbar ein Tsunami auf das tief gelegene Katastrophengebiet zurollt; zu allem Überfluss ist auch noch das nahegelegene Gefängnis kollabiert, weshalb die Straßen von Kriminellen und Psychopathen überrannt werden.
Ein fast ausweglos erscheinender Kampf ums blanke Überleben beginnt.

EIN ELI ROTH FILM

Neben Rob Zombie, James Wan, Darren Lynn Bousman und Marcus Dunstan, ist Eli Roth wohl einer der umstrittensten Meister des zeitgenössischen Horrors; - nicht zuletzt weil er sich immer vorwerfen lassen muss, dass seine Filme („Hostel 1 & 2", „Cabin Fever") überwiegend von unreifen Unsympathen besiedelt werden.
Etwas, was man dabei aber zu gern übersieht, ist, dass ein Großteil des Horrors, der von Roth´s Filmen ausgeht eben auf der Natur des Menschen, und wie dieser sich unmöglichen Situationen verhält, aufbaut.
Denn tatsächlich ist es so, dass der Überlebensinstinkt in Gefahrensituation vornehmlich Mut, Anstand und Würde außer Kraft setzt und Menschen nicht zu schillernden Helden mutieren; sondern meist zu wilden Tieren verkommen. Roth hat mit dieser Prämisse sowohl bei „Cabin Fever" als auch bei den ersten zwei „Hostel"-Filmen experimentiert; und was das angeht auch meisterliche Arbeit geleistet; die er nun mit „Aftershock" fortsetzt.
Zwar mag Nicolás López auf dem Regiestuhl gesessen (und durchaus tolle Arbeit geleistet) haben; doch ist Roth´s (welcher als ausführender Produzent, Hauptdarsteller und Co-Autor dabei war) Handschrift allzeit erkennbar. Seien es die nur leidlich sympathischen Figuren, ein xenophober Unterton, ausufernde Gewalt und der ständige Bruch mit geschmacklichen Regeln und erzählerischen Konventionen. Das was „Cabin Fever" und „Hostel" ausgemacht hat; macht auch diesen kruden Mix aus Katastrophen und Terrorfilm aus.

DER TOD KOMMT INS PARADISES

Doch man sollte Nicolás López nicht ganz Unrecht tun. Der chilenische Regisseur hat bei seinem Hollywood-Debüt zumindest auf visueller Ebene einen großartigen Job gemacht und den Film in farbenfrohe teils wunderschöne Bilder verpackt.

Die hat der „Aftershock" auch im ersten Drittel bitter nötig. Denn dieses wirkt mehr wie eine Mischung aus Tourismus-Werbung mit einem Schuss „Hangover", als ein Horrorfilm.

Ja, tatsächlich. Der Film nimmt sich die erste halbe Stunde Zeit um seine Figuren einzuführen; indem er sie von einer Party und chilenischen Touristen-Attraktion zur Nächsten schickt. Das ist zwar nur leidlich unterhaltsam; doch immerhin wunderschön bebildert.

Außerdem wird man dann auch im zweiten Drittel gehörig für die bisherige Ereignislosigkeit entschädigt. Denn wenn die Erde erst mal bebt, geht auch gehörig die Post ab.

Herrschte bisher Friede, Freude, Eierkuchen (von gelegentlichen Zickerreien innerhalb der Gruppe mal abgesehen) ist von nun an blanker Terror angesagt. So kommt Mittelteil von „Aftershock" wie eine Art Anti-Emmerich-Film daher. Die Erdbeben-Katastrophe wird zwar auf vergleichbar kleiner Flamme gebraten; dafür kommt sie aber umso blutiger, dreckiger und fieser daher. Menschen werden totgetrampelt, Körper werde zertrümmert, Gliedmaßen amputiert und auch vor toten Babys wird nicht halt gemacht.

Und wer den Helden spielt; bezahlt zumeist mit seinem Leben dafür.

Dabei kommt so mancher Tod auch noch so ironisch und abrupt daher, dass man sich dabei mehr als ein Mal an „Final Destination" erinnert führt.

Doch damit nicht genug. Nachdem sich Mutter-Natur ausgetobt hat; darf auch die Bestie Mensch zeigen, zu welch Grausamkeiten sie in der Lage ist. In Form entflohener Schwerverbrecher, die es besonders auf die weiblichen Mitglieder der Gruppe abgesehen haben und sich auch noch als ausgewachsene Sadister entpuppen.

Hier wechselt „Aftershock" im letzten Drittel gänzlich ins Terror-Genre und wird zu einem beinharten Menschenjagd-Schocker, der sich neben ausufernder Brutalität (Vergewaltigung, Verbrennung bei lebendigen Leib) durch seinen Unvorhersehbarkeit und ein paar nette Story-Twists auszeichnet; und dadurch unvorhersehbar bleibt, wer (und ob überhaupt noch jemand) das Ende noch erlebt.

IST DAS ALAN?

Zur Besetzung sei noch gesagt, dass der Cast, mit Ausnahme von Eli Roth, der den relativ sympathischen Gringo spielt, durchweg mit Profis aus der internationalen TV-Landschafft besetzt wurde und alle ihre Sache sehr ordentlich machen; auch wenn die Charaktere arg schablonenhaft daherkommen.

Einzige Ausnahme bildet da der hierzulande eher unbekannte Nicolás Martínez; der mit Vollbart und Glatze stark an die Arschloch-Version von Alan aus bereits angesprochenen „Hangover" erinnert.

FAZIT:

Handwerklich perfekter und beinharter Mix aus Katastrophen-Schocker und xenophoben Menschenjagd-Horror. Geschmacklich teilweise grenzwertig, doch sehr blutiger und extrem spannender Terrorfilm, der so manche Überraschung für seine Zuschauer zu bieten hat. **8,5 von 10 Punkte**

PROGNOSE: Die FSK hatte eine guten Tag und dem Film unzensiert die 18er-Freigabe erteilt. Ab dem 18. Dezember im Verleih. Ab dem 2. Januar im Handel.

HATCHET 3

Ein letzter Knall schallt durch den Sumpf und Victor Crowleys Schädel wird auf dem Sumpfboden, von seiner Nemesis, der zierlichen Marybeth, in Fetzen geschossen. Ende?
Wohl kaum! Denn spätestens jetzt wird klar, dass der verfluchte Sumpfkiller Victor nicht nur unglaublich stark, sondern auch übernatürlich zäh ist; weshalb der Kampf für Marybeth weiter geht, und sie ihr Leben letztlich nur dadurch retten kann, Crowley der Länge nach zu halbieren.
Aufgelöst von den ganzen Ereignissen, schleppt sie sich schließlich Blut besudelt mit einem Stück seines Skalps in die Zivilisation und das nächste Polizeirevier, und landet sodann auch schnell, wegen Mordverdachts in einer Zelle.
Werend am nächsten Tag nun der Örtliche Sherif vor einem Mysterium steht und im Sumpf die Leichen(teile) geborgen werden, tritt seine Ex-Frau, die Reporterin Amanda auf den Plan, welche sich dann auch sogleich als Crowley-Expertin herausstellt und darauf besteht, dass der missgestaltete Killer-Redneck noch lange nicht erledigt sei.
Sie soll recht behalten. Denn kaum ist im Sumpf die Sonne untergegangen, setzt sich Crowley zusammen und beginnt wiederum munter die vor Ort beschäftigten Einsatzkräfte, CSI´s und Sanitäter in ihre Einzelteile zu zerlegen, was dann auch eine rasch nachrückende und arg verplante SWAT-Einsatztruppe auf den Plan ruft.
In der Zwischenzeit versuchen Amanda, zusammen mit Marybeth einen Weg zu finden Crowley endgültig in die ewigen Jagdgründe zu schicken.

ADAM GREEN'S VICTOR CROWLEY

Werfen wir doch schnell mal einen kurzen Blick zurück auf die Anfänge.

Es war 2006 als Adam Green mit „Hatchet" in der Horroszene für Aufsehen sorgte und es doch tatsächlich schaffte mit Victor Crowley nicht nur etwas frisches Blut ins angestaubte Slasher-Genre zu bringen, sondern ga[r] eine neuen Kult-Killer zu erschaffen.

Der gute Victor, verkörpert vom Slasher-Veteran Kane Hodder (nach weitläufiger Fan-Meinung der beste Jason Darsteller in der „Friday the 13th"-Reihe), ist im Grunde das Frankensteinmonster unter den Slasher-Killern. Ei[n] dreckiger Bastard mit den besten Eigenschaften so illustrer Figuren, wie Jason, Leatherface und Michael Myers und dem rauen Temperament eines Hulks! Victor Crowley tötet nicht leise. Er schleicht sich nur selten an, sondern kommt meistens brüllend aus dem Busch gestürmt. Und wenn er seine Opfer hat, dann nimmt er sie sprichwörtlich auseinander; notfalls mit purer Muskelkraft.

Das mag zwar nicht sonderlich innovativ sein, doch war es im Fall Crowley zumindest erfrischend, weil der hässliche Kraftklotz eben nicht wirklich neu war, sondern die fleischgewordene Reinkarnation des Old-School-Killers ist! Dazu kam auch noch eine interessanter Background, eine wunderbar unkomplizierte Handlung, Kult-Horrordarsteller in Gastrollen, und Adam Greens konsequenter Verzicht auf CGI-Effekte bei den herrlich überzogenen brutal-blutrünstigen und einfallsreichen Mordszenen. Und schon war mit „Hatchet" ein moderne[r] Klassiker geboren.

DER FLUCH DER FORTSETZUNG

angen wir Ausnahmsweise mal gleich bei dem zwei Negativ unkten von „Hatchet 3" an: Die größte Kritik, die sich der ritte Teil gefallen muss, ist der dünne Plot, der wieder mal ur eine leicht abgewandelte Version der ersten beiden ilme ist. Man kennt es mittlerweile einfach schon. eute kommen in Victor Crowleys Revier und werden bgemurkst. Waren es im zweiten Teil Jäger, so ist es iesmal ein SWAT-Team. Man hat hier zwar wieder Crowleys orgeschichte um ein paar Details erweitert und diesmal inen zweiten Handlungsbogen eingebaut, damit es nicht zu nonoton wird. Doch im Grunde ist die Handlung mal wieder inzig und allein dazu da, die Zeit zwischen den Gore-Szenen u überbrücken.
as funktioniert allerdings wiederum bestens.
uch muss man sagen, dass das Minimum an Handlung, das nan vorgesetzt bekommt, dank hoher Ironie- und agdichte, sehr unterhaltsam und kurzweilig ausfällt.

Was wiederum die Gore-Szenen angeht, muss man zumindest mal anmerken, dass die Qualität (dem niedrigen Budget geschuldet) etwas wechselhaft ausfällt. Gelegentlich kommt sogar ein leichtes Troma-Fealing auf.
Das alles wird allerdings durch die schiere Fülle an Blut und Gekröse relativiert. Den „Hatchet 3" ist ein wahres Schlachtfest, voll wunderbar kreativer Kills. Gliedmaßen werden amputiert, Köpfe zermanscht, abgeschraubt, oder zur Explosion gebracht, Brustkörbe aufgestemmt und Wirbelsäulen raus gerissen.
Der Bodycount von Teil 3 stellt die der ersten beiden Teile locker in den Schatten. Außerdem sind auch durchaus gute Effekte dabei und die Nicht-So-Guten werden dann meistens mit Hektolitern von Blut übergossen. Dabei muss auch wirklich gewürdigt werden, dass man konsequent auf Handarbeit gesetzt und nicht der Versuchung erlegen ist, mit CGI´s nachzuhelfen.

THE EXPENDABLES UNTER DEN HORRORFILMEN

leben dem vielen Gekröse zeichnet sich die „Hatchet"-Reihe noch durch seine Genre-Star-Potential aus. Ein Leser unserer acebook-Seite bezeichnete die Reihe als das „The Expendables" unter den Horrorfilmen. Und dem kann man nicht idersprechen.
leben den Legenden Tony Todd und Robert Englund, haben sich auch u.a schon Lloyd Kaufman, Tom Holland und R.A. Mihailoff (Leatherface in „Texas Chainsaw 3") in die Sümpfe verirrt.
Ind auch im dritten Teil wird man wieder ein paar sehr geschätzte Gesichter sehen.
eben Horrorschnuckelchen Danille Harris, die die Hauptrolle als Marybeth im zweiten Teil von der überwiegend aus dem V bekannten Tamara Feldman übernommen hat, gibt es ein wiedersehen mit Perry Shen, der inzwischen seine dritte Rolle nnerhalb der Reihe einnimmt und sogleich als Running-Gag fungiert (All Asian People looks like the same).
eu dazu stoßen sind diesmal, der wohl am besten aus „Gremlins" und „Waxwork" bekannte Zach Galligan, Caroline Villiams („Stepfather 2", „Inferno USA", „Texas Chainsaw Massakre"), Shean Whalen („Das Haus der Vergessenen", „Laid to est") und Derek Mears (der Jason aus dem „Freitag der 13te"-Remake"), als wunderbar vor Testosteron überschäumender WAT-Leader. Seine Over-The-Top-Darstellung wird einzig von Sid Haig übertroffen, der in einem Kurzauftritt als verwirrter assist einen Schenckelklopfer nach dem Andren raus hat.
ei einer solchen Besetzung braucht man also nach schlechten Schauspiel gar nicht erst zu suchen; zumal es keine onderlich anspruchsvollen Rollen gibt und wirklich jeder sichtlich mit Spaß bei der Sache ist.
m Übrigen saß diesmal nicht Adam Green persönlich auf dem Regiestuhl, sondern überließ den Job dem erfahrenen ameramann B.J McDonnell, der auch schon bei den vorherigen Teilen tätig war, und hier nun, unter Greens strenger ufsicht, sein Regiedebüt ablieferte. Da Adam Green aber als Drehbuchautor und Produzent am Set weiterhin die Kontrolle ber das Projekt behielt und auch die rechte am finale Schnitt hatte, merkt man kaum einen stilistischen Unterschied zum orherigen Teil. Einzig das Tempo wurde doch merklich angezogen, weshalb der Film etwas actionbetonter wirkt; was Hatchet 3" aber sehr gut tut.

FAZIT:

loch größer! Noch blutiger! Noch derber!
in wunderbares, Sinn befreites, mit allerlei Genrestars besetztes Gorefest der besonders deftigen Art. Ein urer Partyfilm, und als Solcher auch absolut TOP! **8 von 10 Punkte.**

REIGABE: Die deutsche Fassung wurde massiv zensiert. Uncut-Abhilfe gibt's über Österreich.

V/H/S 2   aka   S–VHS

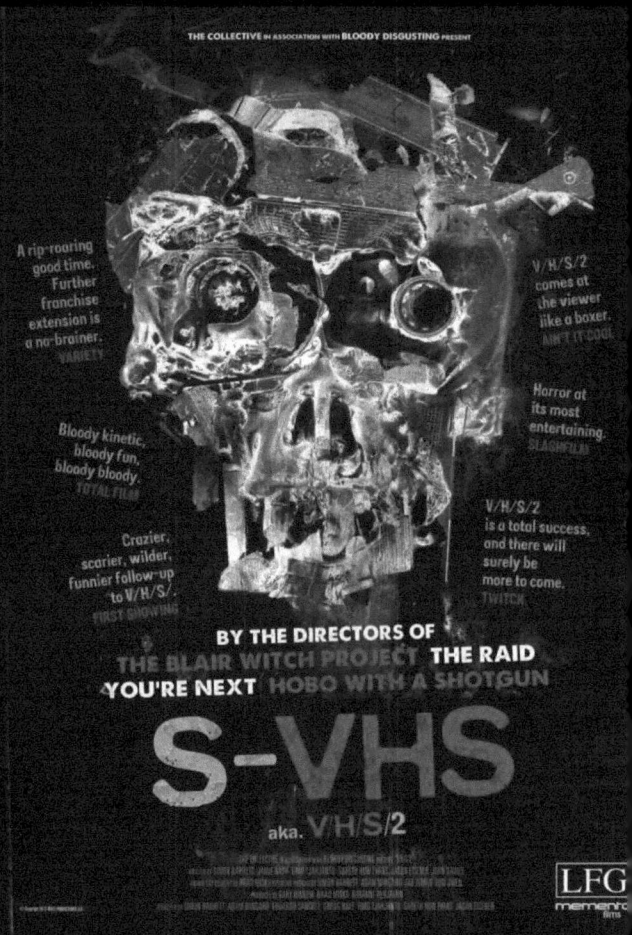

Auf der Suche nach einem vermissten Studenten brechen zwei Privatdetektive in ein verfallenes Haus ein und finden dort eine verlassene Videoausrüstung und unzählige Bänder vor.
Beim Durchstöbern des Videomaterials offenbart sich ihnen Seltsames und Unglaubliches.
- Ein Mann, der nach einer OP, durch sein neues Augen-Implantat Geister sehen kann und feststellen muss, dass die Toten davon alles andere als angetan sind.
- Ein Radler, der auf einer Spritztour durch den Wald von Zombies attackiert wird.
- Eine Doku-Crew, die bei einer einsiedlerischen Sekte eine Drehgenehmigung erhält; ausgerechnet am Tage des jüngsten Gerichts.
- Und ein paar Teenager, die, allein zu Haus, sich plötzlich dem Angriff von Außerirdischen erwehren müssen.

Doch damit nicht genug. Auch in dem verlassenen Haus, geht es mit jedem abgespielten Band immer seltsamer und bedrohlicher vor sich.

VIDEO NASTIES

Der Video-Wahnsinn geht weiter.
Nachdem die blutige Found-Footage-Horror-Anthology „V/H/S" sich 2012, dank seiner prominenten Besetzung talentierter Regisseure (u.a. Ti „The Inkeepers" West, Adam „You´re Next" Winguard und David „The Signal" Bruckner), seines eigenwilligen optischen Stils, deftiger Gore-Einlagen und einen Hang zur konsequenter Eskalation, zu einem weltweiten Überraschungs-Hit entwickelt hat, war es eigentlich schon klar, dass eine Fortsetzung folgen würde.
Dass Dies aber so zügig passieren würde, und der Film bereits 2013 das Licht der Öffentlichkeit erblickte, war dann aber doch eine Überraschung und leichter Anlass zur Sorge; schließlich drängt sich bei so einem Tempo des Worts „Schnellschuss" regelrecht auf.
Zu Unrecht, wie sich schnell herausstellen sollte. Denn auch wenn „V/H/S 2" kein perfekter Film ist (war Teil 1 ja auch nicht), schafft er es seinen Vorgänger tatsächlich Qualittaiv in fast allen Belangen zu toppen.
So war einer der Kritkpunte des ersten Teils eine gewisse inhaltliche Inkonsistenz, die sich einfach durch das gigantische Ensemble von sage und schreibe zehn beteiligten Regisseuren ergab. Das Sprichwort „Zu viele Köche versalzen den Brei" traf hier teilweise tatsächlich zu.
Mit nun noch „nur" sieben Regisseuren über 5 Segmente verteilt, wirkt „S-VHS" (Ursprünglicher Arbeitstitel, nun der Deutsche) deutlich stimmiger und etwas weniger wie eine Flickenteppich.
Außerdem wurden mit Timo Tjahjanto („Macabre", „Abc´s of Death: L is for Libido"), Gareth Evans („The Raid 1&2") und Jason Eisner („Hobo with a Shotgun")gleich drei der talentiertesten neuen Genre-Spazialisten mit ins Boot geholt worden.
Zudem hat die Fortsetzung eine (sprichwörtliche) Schönheitskorrektur verpasst bekommen und sich von dem hässlichen VHS-Look verabschiedet und ein schickes HD-Bild verpasst bekommen.
Das mag zwar paradox klingen, da der verrauscht-ungeschliffene und mehr Authentizität vermittelnde Look eines der Alleinstellungsmerkmale des Vorgängers war, doch tut das „V/H/S 2" sichtlich gut und macht das Zuschauen weitaus

eniger anstrengend. Allerdings wackelt und ruckelt es auch hier immer noch mehr als genug – schließlich hat man den
ound-Footag-Stil an sich ja nicht aufgegeben.

GEISTER, ZOMBIES, EINE SEKTE, NOCH MEHR ZOMBIES

UND ALIENS WITH NO SHOTGUNS

och abseits der handwerklichen Änderungen hat man auch genau Das beibehalten, was schon bestens funktioniert hat.
o bietet auch "V/H/S 2" fünf abwechslungsreiche, geradlinige und gerade zu wahnwitzige Geschichten; die unscheinbar
eginnen und dann mit hohen Tempo auf ihre Explosion zusteuern.
en Anfang macht „ **Phase 1: Clinical Trials"** von und mit Adam Wingard, welche klassischen, aber Adrenalin geladenen
eisterhorror aus der Ego-Perspektive mit einen Hauch Sex und Splatter liefert. Die Geschichte um einen Mann, der durch
ein künstliches Auge plötzlich tote Menschen sehen kann, ist spannend, atmosphärisch und bietet jede Menge In-The-
ace-Erschrecker (auch Scare Jumps genannt); aber auch durchaus gruselige Momente, wenn sich etwa plötzlich unter einer
ecke der Körper eines Menschen abzeichnet.
A ride in the Park" von Gregg Hale („Say yes Quickly") und Eduardo Sanches („Altered", „Seventh Moon"), degegen ist
urer Zombie-Horror der besonders gorigen Sorte und schildert zur Abwechslung mal den Ausbruch einer Zombie-Epidemie
us der Perspektive eines Untoten, wobei Blut und Eingeweide nur so aus dem Bildschirm suppen. Die zweit-beste Episode.
as absolute Highlight von „V/H/S 2" stellt **„Save Haven"** dar, welcher von Timo Tjahjanto und Gareth Evans zusammen
uf die beine gestellt wurde und den Zuschauer auf einen wahren Höllenritt entführt, der neben Amok laufenden
ektenmitgliedern, auch noch Zombies und eine Minotaurus-artiges Monstrum auffährt und ein ebenso splattriges, wie
izarres Feuerwerk, irgendwo zwischen Sekten- und Weltuntergangs-Horror, abfackelt.
anach geht's dann nochmal zur verhältnismäßig enttäuschenden Slumber Party Alien Abduction vom „Hobo with a
hotgun"-Regisseur Jason Eisner; der diesmal statt auf Blut und Gekröse, lieber auf wilde Licht- und Sound-Spielereien setzt
nd sich an sprichwörtlichen (Alien-)Home-Invasion-Horror versucht. Das Ergebis ist eher durchwachesen.
war ist das Geschehen alles Andere als langweilig und die Idee, einen Großteils der Episode aus der Perspektive eines

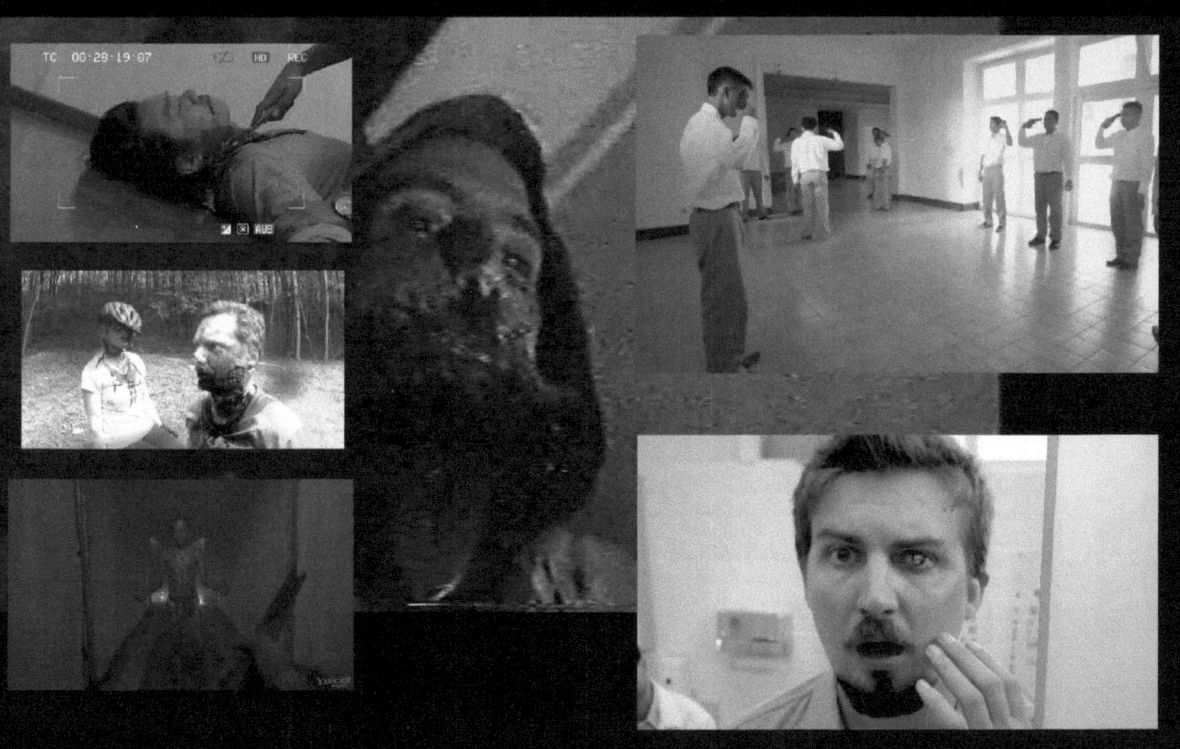

Hundes zu zeigen, mal ne nette Abwechslung; doch echte Spannung will sich nicht einstellen und die vielen Blitze und das ständige Drönen machen es auch teilweise anstrengend die Episode durchzustehen.
Diese ist aber immer noch besser, als „Tape 49" von Spielfilm-Debütant Simon Barett, welche die Rahmenhandlung von „V/H/S 2" liefert und nur eine leicht abgewandelte Version von „Tape 56" aus dem ersten Teil darstellt, zwar etwas spannender und deutlich blutrünstiger daher kommt; letztlich aber genau so belanglos ist.
Was die Schauspieler angeht, hat man, wie schon in Teil 1 auf ausnahmslos frische Gesichter gesetzt. Diese schlagen sich auch alle, durch die Mank weg, sehr gut.

FAZIT:

Geister, Zombies, eine Psycho-Sekte und Alienterror. Der bluttriefende Videowahnsinn geht mit fünf bizarren und Adrenalin geladenen Episoden in seine zweite Runde und übertrifft dabei sogar noch seinen Vorgänger.
Einfach Top! **8,5 von 10 Punkte**

FREIGABE: Das der Film in Deutschland mit einer Freigabe Probeleme bekommen könnte, war zumindest in den Segmenten „Save Haven" und „A ride in the Park" abzusehen.
Dazu kam es allerdings nicht, da das neue Lable LFG den Film gar nicht erst ungeschnitten zur Freigabe vorlegte, sondern der FSK, in der Erwartung einer Ablehnung, gleich nur eine stark Zensierte Fassung anfertigte.
Und diese stellt zumindest einen guten Grund dar, dass vom gleichen Lable fabrizierte, teure Uncut-Mediabook zu kaufen; wenn man auf deutschen Ton angewiesen ist.
Denn, statt zwei bis drei wirklich kritische Szenen aus den eben erwähnten Episoden zu schneiden, hat man weitläufig jeden ansatzweise härteren Efekt aus dem Film geschnitten und auch relativ harmlose Szenen zensiert, wodurch keine einzige Episode ohne Zensuren davon kam; weshalb diese Fassung nicht mal mehr zum antesten geeignet ist. Ein Schelm, wer böses denkt.
Doch immerhin: Das sehr schicke, auf 3000 Stück limitierte Mediabook bietet sowohl auf der enthaltenen Blu Ray, als auch der DVD sehr gutes Bild und einen wuchtig abgemischten Ton. Auch die deutsche Synchro ist sehr gelungen.

ER FILM: Als die an den Rollstuhl gefesselte Nica ein Paket mit eine Good-Guy-Puppe erhält, ahnt sie noch cht, was für Ärger ihr da ins Haus geflattert ist.
och in der selben Nacht stirbt ihre Mutter unter mysteriösen Umständen.
ls dann ihre Schwester, samt Familie und Kindermädchen zur Beerdigung kommt und im Haus nächtigt; kann as Morden erst richtig beginnen. Denn die Puppe mit dem Namen Chucky beherbergt den Geist des erüchtigten Serienkillers Charles Lee Ray.

CHARLES LEE RAY

ist wieder da! Der Oneliner klopfende Serienkiller Charles Lee Ray; auch besser bekannt als „Chucky – Die lörderpuppe".
s war 1988, als der von Brad Dourif („Einer flog über das Kuckucksnest") verkörperte Killer in einer Spielzeug-abrik, von der Polizei in die Enge getrieben wurde, und als einzigen Ausweg mittels Voodoo-Formel seinen eist in den Körper einer "Good Guy"-Puppe transferierte.
iese landete wiederum in den Händen des kleinen Andy Barcley; welcher hervorragend als Körper-Spender epasst hätte, weshalb der gute alte Chucky von nun an über drei Filme (also Teil 1 und die Fortsetzungen von 990 & 1991) damit beschäftigt war, dem kleinen Andy bis ins Teenager-Alter auf den Pelz zu rücken und dabei, it viel Spaß bei der Sache, auch noch jede Menge Kollateral-Schäden zu fabrizieren, bis man es dann nach em dritten Teil gut sein ließ und er sich somit für 7 Jahre ausruhen konnte.
st 1998, im Zuge des von Wes Cravens „Scream" ausgelösten Teen-Horror Revivals, entschied man sich die eihe zu rebooten und den stark lädierten Chucky aus der Beweismittel-Tüte zu holen und ihn von seiner nicht inder durchgeknallten Ex-Freundin Tiffany (welche dann wegen ihren einnehmenden Art selbst im Körper ner Puppe landet) in „Chucky und seine Braut" wiederbeleben zu lassen, und beide auf ein ausgebüchstes eenager-Paar zu hetzen.
er Reboot war gleich zweifach fruchtbar, zum einem spülte er kräftig grüne Scheinchen in die Konten der oduzenten und zum anderen bescherte er den beiden Killerpuppen Nachwuchs, welcher dann in „Seed of nucky" auf die Zuschauerschaft losgelassen wurde und das vorläufige Ende der Reihe bedeutete.

Wich schon der vierte Film mit seiner comichaften und deutlich humorbetonteren Art, vom eher straighten Stil der Vorgänger ab; geriet Teil 5 zu einem absurden Kasperletheater, dass neben einem onanierenden Chucky, einen transsexuellen Sohn, der nicht morden mochte, auch noch eine selten behämmerte Film-im-Film-Handlung aufwies.

Was im Vorgänger noch, in dezenten Dosen funktionierte wurde hier so auf die Spitze getrieben, dass es nicht nur gerade zu nach Spot und Hohn schrie, sondern auch jede Fortsetzung unmöglich machte.
Ein Neubeginn mußte her...

BACK TO THE ROOTS

...Und so erging es „Chucky" dann auch, wie so manch anderem Kino-Flop, der nicht mehr Lichtspielhaus tauglich war, aber immer noch eine Namen hatte, der zugkräftig genug war, um im kleinerem Rahmen etwas Kohle einzuspielen. Er wechselte in die DTV-Sparte.
Eine Veränderung, die normalerweise nichts Gutes vermuten lässt und bei den Fans schon schlimmste Befürchtungen aufkommen ließ.
Bedenkt man, dass keiner der bisherigen Chucky-Filme unter 9 Millionen Dollar gekostet hat (wobei man noch beachten muss, dass der Dollar in den späten 80ern und frühen 90ern deutlich stärker war) und „Bride of Chucky" zuletzt sogar 25.000.000 Dollar gekostet hat, konnte man das fünf Millionen Budget von „Curse of Chucky" als vergleichsweise mager bezeichnen.
Zudem haben DTV-Produktionen eben den üblen Beigeschmack, dass diese eben meist aus rein wirtschaftlichen Gründen entstehen und schnell lieblos runter gekurbelt werden (siehe auch unsere Review zu „Fright Night 2").
Das ist im Fall von „Curse of Chucky" aber Gott sei dank nicht der Fall.
Denn mit Regie und Drehbuch wurde wieder Mitschöpfer Don Mancini betraut, welcher den Film solide in Szene setzte und aus der Schälte an seinem unsäglichen Regiedebüt „Chucky´s Baby" ordentlich dazu gelernt hat; und sich daran machte die Fehler der Vergangenheit zu korrigieren.
So gibt's hier dann auch kein Wiedersehen mit der unsäglichen Brut aus dem Vorgänger und auch sonst, hat man sich wieder auf die Ursprünge besinnt.
Keine Blödeleien, ein Minimum an Humor (und wenn, dann welcher von der schwarzen und bösen Sorte) und eine wieder deutlich düstererer Ton, der eher dem der ersten drei Teile entspricht.
Zwar ist die Beschränkung auf eine einzige Location etwas gewöhnungsbedürftig, doch insgesamt kommt damit auch eine angenehm dichte Atmosphäre einher.
Etwas schwieriger wiegt und woran „Curse of Chucky" auch tatsächlich etwas kränkelt, ist die, gerade für die Reihe, gewöhnungsbedürftig komplizierte und soapig-klischeehafte Story, die mit den ganzen Verwicklungen innerhalb der Familie (irgendwie hat Jeder mit Jedem irgendein Problem und natürich wird das Kindermädchen gevögelt), eher an eine Agatha Christie Story erinnern, als straigte Slasher-War und die ganzen Charaktere dadurch auch noch unnötig unsympathisch gemacht werde. Zumal die familiären Konflikte letztlich auch im Sande verlaufen; da hier meist Chucky persönlich die Reißleine zieht. Im Grunde wollte man wohl einfach nur Zeit schinden; da die Handlung um Chucky selbst einfach nicht ausreichte, um die vollen 90 Minuten zu füllen.

Das stört aber auch nicht weiter. Denn wenn unser aller liebste Killerpuppe erst mal mit dem fröhlichen Morden loslegt, ist es wieder wie in den 90ern. Auch wenn Chuckys Gesicht, diesmal auch gelegentlich sichtbar mit CGI-Unterstützung in Bewegung gesetzt wird; was allerdings weitaus dezenter zum Einsatz kommt, als es der Trailer vermuten ließ.

ES GIBT BLUT!

....Doch zurück zur Metzelei: Grimmig, clever und schön fies räumt Chucky seine Opfer aus dem Weg und hat dazu auch immer einen schön derben Spruch auf den Lippen.
Dabei geht es auch blutiger denn je zur Sache. Köpfe rollen, Augen werden ausgestochen und Unterkiefer abgeschlagen; plus noch ein paar andere, erstaunlicher Weise überwiegend von Hand getrickst Gemeinheiten. Was die Leute von der FSK geritten hat, dem Film ungeschnitten eine Ab16-Freigabe zu vergeben, wird wohl auf Ewig ein Mysterium bleiben.
Vielleicht lag es ja an der Auflösung und dem dann doch etwas albern geratenen Ende, das noch eine arg haarsträubende, und chronologisch nicht wirklich plausibel Brücke zu „Bride of Chucky" schlägt, und den Film letztlich doch noch eine komödiantische Note verleiht.
Übrigens sollte jeder bis zum Ende des Abspanns dran bleiben, denn die letzte Szene bietet dann auch noch ein wiedersehen mit einer besonders wichtigen Figur des Chucky-Universums und den besten Gag des ganzen Films.

FAZIT:
Chucky kehrt, wie versprochen, zu seinen Wurzeln zurück und ist so fies und blutig, wie zu seinen Bestzeiten. Den Spaß trüben einzige ein paar schwache CGI-Effekte und das klischeehafte und etwas ungelenke Drehbuch Dafür werden die Fans aber mit derben Onlinern und noch derberen und überaus blutigen Kills entschädigt. Insgesamt ein gelungenes, wenn auch nicht überragendes Comeback der Kultfigur. **6 von 10 Punkte.**

FREIGABE: Die FSK hatte einen guten Tag und verlieh der Unrated-Fassung unzensiert sogar eine Ab16-Freigabe.

ABGEFERTIGT

Was uns sonst noch die Netzhaut verstrahlte...

NO ONE LIVES

Nachdem ein Raubzug einer Bande Krimineller gehörig in die Hose ging und der nicht sonderlich helle Flynn dabei auch noch eine komplette Familie in die Jagdgründe ballert; steht der Rüpel unter Zugzwang. Nur gut, dass sich in die benachbarten Bar ein Pärchen auf Durchreise verirrt mit einem vermeintlichen Hausstand im Anhänger, perfekt als Wiedergutmachung an der Gang herhalten können. Kurzerhand überfällt Flynn die Beiden im Alleingang und nimmt sie gefangen, um auch noch die Konten leer zu räumen. Allerdings läuft auch das alles Andere als nach Plan. So findet die Gang in einem Versteck im Kofferraum des Paares eine entführte Frau und der männliche Part erweist sich als waschechter Psycho und Superkiller der es nun auf Alle abgesehen hat und die Gangster nach bester Rambo-Manier, Einen nach dem Anderen, aus den Weg räumt.

KRITIK UND FAZIT:
Ryûhei Kitamura ist wieder da! Nachdem es etwas still um den Japaner geworden ist, der mit seinen Spielfilm-Debüt „Versus" und seinem US-Debüt „Midnight Meat Train" gleich zwei Kult-Filme in seiner Vita hat, meldet er sich nun mit vorliegenden, für WWE-Studios produzierten B-Filmchen zurück und hat damit sogar gute Chancen einen weiteren Genre-Klassiker geschaffen zu haben.
Ob das tatsächlich der Fall ist, wird die Zukunft zeigen. Bis dahin aber kann jeder Freund blutiger Unterhaltung sich an einer Räuberpistole ergötzen, die Ihres Gleichen sucht.

So ist es allein schon sehr schwer den Film richtig zu kategorisieren. Ist „No one lives" nun ein splattriger Terrorfilm, düsterer Thriller, Slasher, oder eine tiefschwarze Horror-Komödie. Er besitzt Elemete aus alle diesen Genres, ohne sich aber auf ein Bestimmtes festlegen zu wollen.
Auch gibt es hier keine richtige Hauptfigur, da ausnahmslos alle Charaktere Bad-Guys sind, oder einen an der Waffel haben und die Sympathien ständig umverteilt werden; wobei das meiste davon auch noch der von Luke Evans („Fast and Furious 6", „Krieg der Götter") kongenial Serienkiller (Rollenname: Driver) ab bekommt. Und das zu Recht! Denn so grimmig und over-the-top, wie der Gute mit Selbstschussanlagen, Fallen, Sprengstoff, Pfeilen und Messern seinen Widersachern zu Leibe rückt und dabei auch noch den ein oder anderen lockeren Spruch über die Lippen bringt; das muss man gesehen haben.

Beste Szene ist die Unterwanderung des Gangster-Nestes, in der sich der Driver in einer Leiche versteckt und sich vo Ort a la Alien dann aus dieser wieder raus schält. EPIC! EINFACH NUR EPIC!...
Und auch sonst geht es in „No one lives" alles andere als zimperlich zur Sache. Neben kleinen Foltereinlagen und deftiger Messer-Action, gibt's auch noch einige blutige Einschüsse, die sich durchaus sehen lassen können. Wobei ma die Schwelle zum Selbstzweck zwar gelegentlich anstupst, diese aber nie überschreitet.
Und das hat das düster-fiese Filmchen auch nicht nötig. Denn mit hohen Tempo, einer interessanten Story, einer gute Besetzung (u.a. Adelaide Clemens aus „Silent Hill: Revelations", Lee „The Collection" Tergesen und America „Neighbo Oilivio), einen dicken Schuss bösen Humor und einen Hang zur comichaft überzogener Härte; ist „No one lives" ein astreines Bierdose-Vergnügen, auf hohen Niveau. **8 von 10 Punkte.**

FREIGABE:

Bei der FSK durchgefallen, musste Österreich mal wieder für deutschsprachige Uncut-Hilfe sorgen. Wer also auf deutsche Ton nicht verzichten will, muss auf das Media-Book von NSM Records zurück greifen.
Es sei noch gesagt, dass die deutsche 18er-Fassung, trotz Zensuren, immer noch relativ freizügig daher kommt und zum antesten geeignet ist.

ZOMBIE HUNTER

Es war doch irgendwie abzusehen...
Eine rosa Modedroge hat es nicht nur geschafft die Hirne seiner Konsumenten matschig zu machen, sondern diese auch noch in hochinfektiöse Zombies zu verwandeln; was das Ende der Menschheit eingeläutet hat.
Innerhalb von einem Jahr haben die Zombies de Planeten übernommen und halten die letzten verbliebenen Menschen gehörig auf Trapp.
Einer von diesen Überlebenden ist der grimmige Hunter, der Rock-Musik hörend, mit einem Kopf auf dem Beifahrersitz seines Endzeit-Mobils durch die amerikanische Einöde gurkt und auf der Suche nach Futter und Tequila immer mal wieder ein paar Zombies zur Strecke bring, wenn er nicht gerade durch die Einöde gurkt und Rock Musik hört.
Das Ändert sich schlagartig als ihm eines Tages Jemand wehrend der Fahrt und dem Rock-Musil hören durch die Front-Scheibe ballert und sein Gefährt einen Purzelbaum im Wüstensand macht.
Was sich letztlich als simpler Unfall herausstellt, führt ihn zu der Gruppe des kampferprobten Priester Jesus, die ihn herzlich in ihre Reihen aufnimmt; sehr zu Freude zweier mittlerweile rattiger Damen, die einen echten Kerl besonders zu schätzen Wissen.
Doch auch die Gesellschaft anderer Menschen macht den Überlebenskampf in der Post-Apokalypse keineswegs einfacher; wie alle schor sehr bald auf schmerzliche Weise erfahren müssen.

iebe Leute. Erinnert euch doch mal kurz an „Eaters" und „Zombie Massacre"...
.und jetzt stellt euch vor, diese beiden Schrottfilme wären von Jemanden verfilmt worden, der tatsächliches Talent hat
nd liebevoll an seinen Werken arbeitet! Dann habt ihr schon ein klares Bild davon, was euch in „Zombie Hunter" erwartet .
urer comichafter Endzeit-Trash im Grindhouse-Stil, der sich kein Stück ernst nimmt, allerdings auch nie ins Alberne
bdriftet! Von Regie-Debütant K.King mit viel Liebe zum Detail in Szene gesetzt.
)anny Trejo, als Axt schwingender Prister, willige Endzeit-Schlampen, ein Held so cool, dass er Eiswüfel im Sack hat, ein
annibalischer Kättensägen-Freak, und ein Superzombie-Mutant im Tyran-Look – das sind Sachen, bei denen sich dem Fan
äsiger Filmkultur freihändig der Samenstau löst!
azu gibt´s dann noch coole, in die Handlung eingewobene, Sequenzen in Musikclip-Still (Grandios dreiste Schleichwerbung
ür Royal Bliss!!!) und ein konstant hohes Tempo, dass die Protagonisten von einem irren Plotpiont zum Nächsten jagt und
ie knapp 93 Minuten wie im Flug vergehen lässt.Ansonsten gibt´s auch die nötige Portion Blut und Gekröse. Wobei
Zombie Hunter" hier vergleichsweise moderat bleibt und auch viel CGI zum Einsatz kommt. Auch ist das pinke Blut der
ombies etwas gewöhnungsbedürftig.

FAZIT:

„Zombie Hunter" ist genau das was die erbärmlichen „Eaters" und „Zombie Massacre" gern wären.
Eine deftige und liebvoll gemachte Grindhouse-Splatter-Gaudi, die vom Anfang bis zum Ende einen Heidenspaß macht.
6,5 von 10 Punkte

PROGNOSE:

Dürfte ungeschnitten, ohne Probleme, mit einer Ab18-Freigabe durchkommen.

HOOLIGANS 3

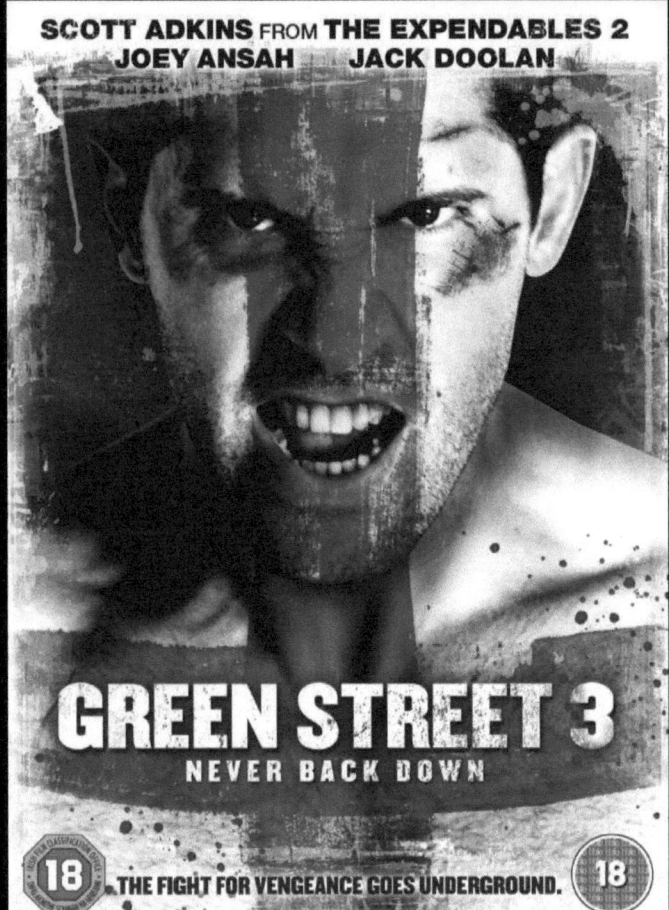

Vor Jahren hat Danny sein Viertel und die Kumpel von der Westham Firm verlassen, um Kampfsport-Profi zu werden. Seine Karriere beweist, dass er das Richtige getan hat. Zweifel kommen ihm erst, als sein Bruder erschlagen wird. Eigentlich wollte er immer für Joey da sein, doch jetzt ist er tot. Danny kehrt nach Hause zurück und nimmt Kontakt zur alten Gang auf. Viel hat sich verändert in der Szene. Statt wilder Straßenschlägereien finden durchorganisierte Kämpfe statt. So etwas wie eine Liga ist entstanden und um die Platzierungen herum floriert das Wettgeschäft. Kämpfer auf Profi-Niveau dominieren, die altgedienten Hooligans können da nicht mithalten. Joey war hier sehr aktiv und irgendwo sind auch die Männer, die ihn getötet haben. (Quelle: Ascot Elite)

KRITIK UND FAZIT:

Oha! Die Hooligans aus der Green Street sind zurück! Und wie schon der zweite Teil, der sich als knallharter Gefängnisthriller präsentierte, hat auch die zweite Fortsetzung des sehenswerte Gewalt-Dramas mit Elijah Wood nur noch in Ansätzen etwas mit dem Original zu tun, und geht ganz eigener Wege; was auch wieder mit einem Wechsel des Genres einher geht.

So ist „Hooligans 3" diesmal ein schnöder Kampsport Film mit illegalen Käfig-, bzw. Untergrund-Kämpfen.

Das wäre, an und für sich, auch gar nicht mal so schlecht, da man für die Hauptrolle Kampfsport-Ass Scott Adkins („Undisputed 2 & 3", „Ninja – Revenge will rise") gewinnen konnte und Regisseur James Nunn, der zuvor den sehenswerten Sniper-Schocker „Tower Block" fabrizierte, dem Film einen (für eine DTV-Produktion) überraschend anspruchsvollen, kinoreifen Look verpasst hat.

Leider enttäuscht der Film ansonsten auf ganzer Linie. Sei es die strunzdumme Story, die hauchdünne und absolut austauschbare Handlung, die man bereits in jedem zweiten B-Klopper durchgeackert hat, oder das lahmarschige Tempo, dass auch noch ständig mit lächerlichen Trainings-Sequenzen a la „Rocky" ausgebremst wird (- dem Film hätten 10 Minuten weniger Spielzeit deutlich besser getan).

Doch besonders enttäuschend sind die unglaublich unspektakulär geratenen Kämpfe. Zwar ist es eine nette Idee mal ganze Teams im Ring gegeneinander antreten zu lassen; doch mangels jeder Choreografie, sind das dann letztlich nur lahme Massenprügeleien, die dann auch noch unglaublich harmlos und blutleer geraten sind.

Mag sein, dass man so versucht hat einen gewissen Realismus beizubehalten; doch wenn man bedenkt, was man alles mit Scott Adkins hätte machen können, ist das einfach ungenutztes Potential und es ändert auch nichts daran, dass die Kämpfe einefach nur lahm sind und niemanden aus dem Hocker reißen können. Umso unverständlicher, dass die FSK dem Film ungeschnitten die Freigabe verweigert hat. **4,5 von 10 Punkte.**

FREIGABE:

Unzensiert hat der Film von der JK „keine schwere Jugendgefährdung" erhalten und dürfte damit ab dem 2. Dezember in den Videotheken und bald zum Kauf in der Cinema Extreme Reihe erscheinen. Zusätzlich kommt eine zensierte KJ-Fassung für die Kaufhäuser.

LAST DAYS ON MARS

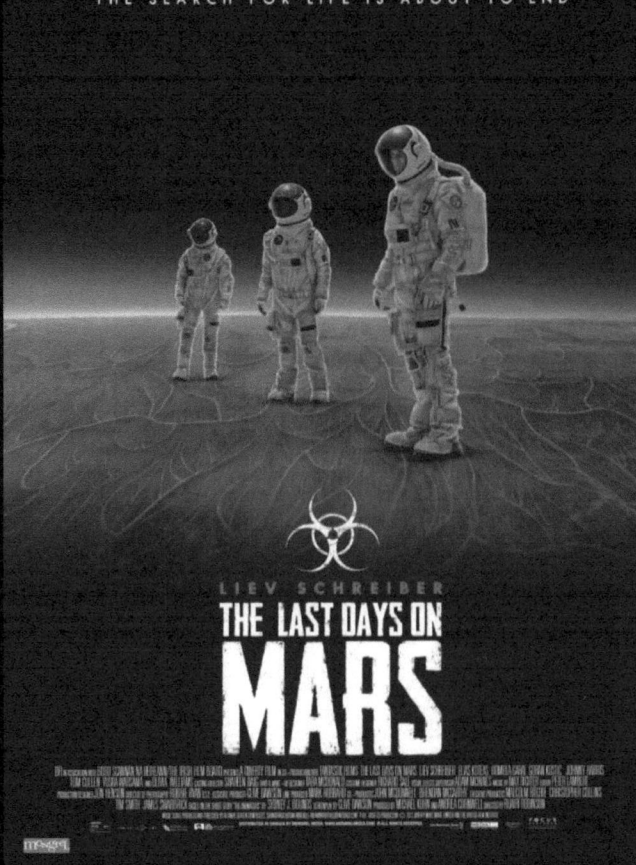

s sind die letzten Tag einer bemannten Mars-
xpedition und die Astronauten freuen sich schon
en roten Planeten verlassen zu können; als einer
er anwesenden Wissenschaftler Petrovic in Bohr-
oben Spuren eines fremden Organismus entdeckt
nd sich kurzerhand zur Fundstätte besagter Proben
ufmacht.
n großer Fehler, wie sich heraus stellt. Denn
tsächlich stammten die Proben aus einem
nterirdischen Hohlraum, welcher just unter den
üssen des armen Petrovic einbricht und diesen in
ch verschluckt.
ersuchen seine Kollegen ihn anfangs noch zu
etten; müssen sie schon bald feststellen, dass der
ute Mann es selbst geschafft hat aus dem Loch zu
riechen; allerdings mittlerweile mehr an ein Skelett
rinnert, nur noch auf Mord aus und hoch
nsteckend ist...

NOCHENMÄNNER AUF DEM MARS! DIE
OMBIEASTRONAUTEN GREIFEN AN!!!

Und dieser Angriff richtet sich u.a. gegen Liev
chreiber („Ray Donovan", „Salt", „X-Men Origins:
Volverine"), Romola Garai („Zei an einem Tag",
Scoop – Der Knüller"), Elias Koteas („Shutter
land", „Haus der Dämonen") Olivia Williams und („The sixt Sense", „Posteman").
, „Last Days on Mars" sieht auf den ersten Blick nach puren Trash-Gold aus. Hat man hier doch eine Idee, die
her zu einem 80er-B-Movie passen würde, mit einem soliden Budget und einer geradezu traumhaften
esetzung für die große Leinwand in Szene umgesetzt.
nd tatsächlich weiß das Spielfilm-Debüt von Ruairi Robinson anfangs durchaus zu begeistern.
as Mars-Setting ist stimmig, die Chemie zwischen den Schauspielern ist gut und es wird, bis zur ersten sehr
olen Zombie-Attacke, ordentlich Spannung aufgebaut.
anach geht's aber steil bergab.
ie Probleme sind mal wieder im Drehbuch zu finden. So stellen sich alle Protagonisten teilweise extrem
escheuert an und kommen zwar drauf mit Antibiotika-Experimenten gegen die Infizierten vor zu gehen; den
ntoten aber den Kopf einzuschlagen fällt Niemanden ein. Zudem kristallisieren sich dann auch in bester
Cabin Fever"-Manier die Arschlöcher der Gruppe heraus, die im unnötigsten Augenblick auch schon mal einen
ollegen mit einem der Infizierten einsperren.
afür aber sind dann die Zombies wiederum unglaublich intelligent und sogar im Stande technische Geräte und
prengladungen einzusetzen, was dann irgendwie keinen Sinn ergeben will.
Varum versuchen die Infizieren überhaupt ihre Kollegen abzuschlachten, wenn sie so intelligent sind? Fressen
ollen sie sie jedenfalls nicht.
ei Besessenen a la „Evil Dead" wäre das halbwegs logisch noch etwas Anderes, aber bei reanimierten Toten,
ie es hier der Fall ist, ist das Ganze einfach unlogisch.

Allerdings ist dass noch das geringste Problem von „Last Days on Mars".
Viel schlimmer ist, die dünne und immer vorhersehbare Handlung und das zwischen den etwas wilderen Momenten, viel Leerlauf herrscht, weshalb besonders der Mittelteil sich zu einer sehr zähen Angelegenheit entwickelt. Zudem nimmt sich der Film viel zu ernst und ist recht Blutarm und harmlos geraten.
Hier hat man viel Potenzial verschenkt. Wäre man an die ohnehin trashige Idee mit Ironie ran gegangen und hätte man lieber auf Schauwerte, statt auf (misslungene) Spannungsmomente und Zwischenmenschliches gesetzt, dann hätte „Last Days on Mars" ein netter Trash-Happen werden könne. So ist es ein zwar schick in Szene gesetzter, aber eher dümmlicher und unspektakulärer Sci-Fi-Horror, den man sich zwar mal anschauen kann; es aber auch nicht schlimm ist, wenn man ihn auslässt. Sehr schade. Denn die wandelnden Knochen-Köppe in den Raumanzügen sehen echt cool aus. **5 von 10 Punkte.**

PROGNOSE: Hier ist locker eine FSK:ab16-Freigabe drin.

DEAD IN TOMBSTONE

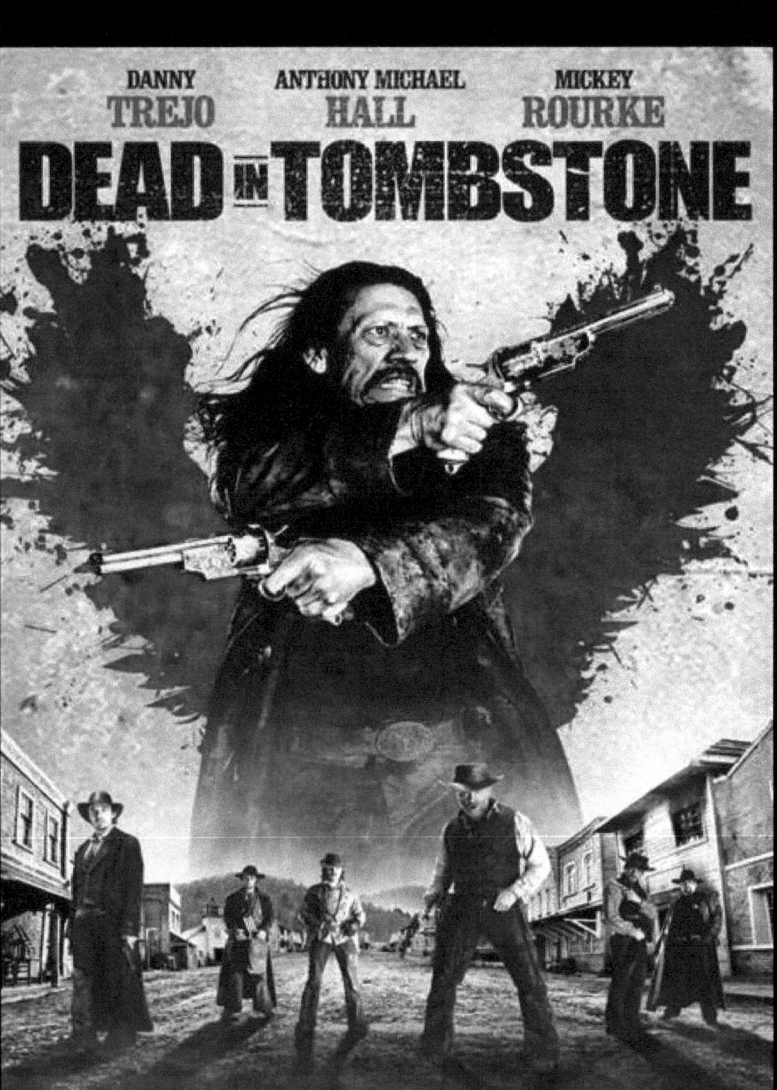

Nachdem Guerrero und seine berüchtigte Blackwater Gang, seinen Halbbruder Red Cavanaugh vor den Galgen bewahren; überfallen sie die kleine Stadt Edendale in der sich eine große Menge Gold befinden soll.
Sobald der Schatz erbeutet und die Stadt eingenommen wurde, will Guerro mit der Gold weiterziehen.
Leider ist Red Cavanaugh aber genau gegenteiliger Meinung und will als Herrscher der Stadt bleiben, weshalb er die Kontrolle über die Bande übernimmt und seinen Halbbruder tötet.
Dieser aber, hat nicht vor auf so eine Weise abzutreten, weshalb er in der Hölle mit dem Teufel einen Packt eingeht. Er wird wieder zurück unter die Lebenden geschickt und hat 24 Stunden, um die 6 übelsten Mitglieder seiner Bande zu töten damit der Teufel ihrer Seelen habhaft werden kann.

KRITIK:

Danny Trejo! Als „Machete" fleischgewordene B-Kult-Figur und der Inbegriff mexikanischer Männlich- und Strebsamkeit. Ein Mann der keinen Agenten braucht, sondern für seine Rollen von den Produzenten direkt vom Tagelöhner-Strich zum Set kutschiert wird!
...Doch jetzt mal im ernst: Danny Trejo ist ein klasse Schauspieler und sehr netter Kerl, der nahezu für jeden Blödsinn zu haben ist, sofern die Gage stimmt.
Dementsprechend ist die Qualität seiner

...lme auch recht wechselhaft, und nicht selten auch mal die ein oder andere Gurke dabei. ...ier nicht! „Dead in Tombstone" ist überraschend hochwertig geratene und gut ausgestattete Direkt-To-Video-Ware, mit ...el Action und kleinen, aber feinen Splatter-Einlagen.

...in übernatürlicher, im Grunde aber angenehm klassischer Rache-Western mit Italo-Elemten und einer Grundidee, die ...uweilen an „The Crow" erinnert und kurzweilig von einem spektakulären Shootout zum Nächsten galoppiert. ...nd auch der Rest der Besetzung kann sich sehen lassen.

...eben den bestens aufgelegten Danny Trejo, sind auch die wunderbare Dina Myer („Starship Troopers", „SAW 2 bis 4"), ...ntony Micheal Hall („Dead Zone – Die Serie") und Mickey Rourke („Sin City") als Leibhaftiger persönlich, mit von der ...artie.

...as Einzige was etwas konträr zum sonst altmodischen Stil des Films daher kommt und ihm somit eine unnötig trashige ...ote verleiht, sind die CGI-lastigen Höllen-Sequenzen die arg an „Ghost Rider" erinnern; was man aber im Anbetracht des ...urchweg gelungen Gesamtwerks verschmerzen kann.

FAZIT:

"The Crow" meets "Ein Fremder ohne Namen". ...in erstaunlich rasanter, splattriger und doch old schooliger ...ache-Western mit Fantasy-Elemten, der neben dem hohen ...empo, Danny Trejo als gnadenloser Rächer und einen ...ämonischen Mickey Rourke, auch noch durch eine ...noreife Inszenierung und wilde Action begeistern kann. ...nterhaltung vom Feinsten! **8 von 10 Punkte.**

FREIGABE:

Die deutsche 18er entspricht der unzensierten Unrated-Fassung.

OUTPOST 3:
OPERATION SPETSNATZ

Es tobt der zweite Weltkrieg und Hitlers Schergen verlieren zusehends an Boden.
So auch in Ost-Europa, wo eine Elite-Einheit der russischen Armee, die Spetsnatz, gerade dabei sind einen Nazi-Konvoi gehörig aufzumischen.
Dabei stoßen die russischen Elite-Soldaten rund um ihren Anführer Dolokhov auf Hinweise für ein Geheim-Projekt der garstigen Kraut-Bande.
Worum es sich handelt, erfahren die Russen noch früh genug. Denn die zur Hilfe eilende Nazi-Verstärkung schafft es, unter Zuhilfenahme eines Bluthund-artigen Zombiewesens, einen Großteil der Einheit auszulöschen, die verbliebenen Kämpfer gefangen zu nehmen und in einen nahe gelegenen Bunker zu verschleppen.
Dort sollen Dolokhov und seine Männer, als Testobjekte, gegen die neu geschaffenen Zombie-Soldaten der verrückten Nazi-Wissenschaftler im unbewaffneten Nahkampf antreten.
Doch ein echter Spetsnatz gibt niemals auf!...

KRITIK UND FAZIT

Außenposten, die Dritte.
Nach dem überraschen gelungen ersten Teil, und der überraschen enttäuschenden (obgleich deutlich aufwändigeren) Fortsetzung, konnte man gespannt sein, wie es mit der kleinen (aber feinen) britischen Reihe, rund um den Nazi-Zombie-Bunker weiter gehen würde.
Von der Kritik überwiegend verrissen, war „Black Sun" dann aber wohl doch erfolgreich genug, um einen dritten Teil zu rechtfertigen, wenn aber auch wieder mit einem sichtbar geringeren Budget und keiner weiteren Fortsetzung, sondern einem Prequel.
Und es ist schön verkünden zu können, dass dieser Schritt zurück dem dritten Teil überaus gut tut.
Back to the Roots, hat man sich wieder den Stärken des ersten Teils gewidmet und eine wunderbar unkomplizierte und straighte Man-on-a-Mission-Story mit einen Hauch Mad-Scientist-Thematik und Horror gemischt; und das Ganze mit viel Action gewürzt.
Das Ergebnis ist ein schön grimmiges, handwerklich einwandfrei inszeniertes Action-Horror-B-Movie, das noch deutlich comichafter als seine Vorgänger daher kommt, und sich auch das ein, oder andere Augenzwinkern und Anflüge von tiefschwarzen Humor nicht verkneifen.
So hat „Rise of the Spetsnatz" gelegentlich auch etwas Tarantinohaftes. Wenn etwa Hauptfigur Dolokhov sich mit einem Messer an einen Funker heran schleicht, dann aber ein Beil sieht und sich kurzerhand entscheidet dem Mann den Schädel damit zu spalten, dann erinnert das nicht von ungefähr an die Samurai-Schwert-Szene aus „Pulp Fiction" und zaubert beim erfahrenen Filmfreak ein dreckiges Grinsen ins Gesicht.
Dreckig und Roh sind dann auch die Stichworte, wenn die Frage aufkommt, warum es der dritte Teil erstmals nicht geschafft hat durch die FSK zu kommen und selbst von der Juristen-Kommision nur die höchstmögliche Freigabe „Strafrechtlich unbedenklich" bekam, denn es gibt im Film keinen einzigen positiven Charakter. Die „Helden" sind hier nicht minder bösartig und furchterregend, wie das Nazi-Pack.
Die „Outpost"-Reihe zeichnete sich ja noch nie durch sonderlich liebenswerte Charaktere aus; doch im vorliegenden Fall ist hier ein Typ böser als der Andere. Getreu einer gewissen historischen Korrektheit sind auch die russischen Kämpfer mordlüsternde Irre, die auch gern Wehrlose töten, Zähne sammeln, oder kurzerhand mal einen Verbündeten opfern.
Das Einzige, was sie zumindest sympathischer Macht, als die Söldnertruppe im zweiten Teil, ist ihre Loyalität untereinander. Zudem macht es zuweilen echt Spaß mitanzusehen, wie kaltschnäuzig und rabiat diese russischen „Basterds" beim Nazis morden vorgehen.
Die Schauspielrischen Leistungen sind hier übrigens durch die Bank weg gut, wobei das einzige etwas bekanntere Gesicht das von Michael McKell („Beneth still Waters"), als Obernazi sein dürfte.
Ein weiterer Grund, wieso der Film bei der FSK keine Chance hatte, ist der, dass der Gewaltgrad deutlich gesteigert wurde. Waren die Vorgänger eher harmlos, so geht es diesmal richtig zur Sache.
Neben einem hohen Bodycount und Blutbeutel verbrauch, werden Kehlen in Nahaufnahme aufgeschlitzt, Knochen gebrochen, Augen eingedrückt und Körper zum platzen gebracht.
Zwar ist „Outpost 3: Operation Spetsnatz" immer noch kein Gorefest; doch in Verbindung mit dem vorherrschenden menschenverachtenden Grundtenor, auch alles andere als ein Kinderfilm.
Regisseur Kieran Parker (bisheriger Produzent und Story-Whriter der Outpost-Reihe) hat in seinem Regie-Debüt fast alles richtig gemacht und ein schön derbes Stück Männerfilm geschaffen.
Einzig schade ist, dass die Zombies etwas zu kurz kommen und für ein Prequel überraschend viele Fragen aus den anderen Filmen unbeantwortet bleiben. **7 von 10 Punkte.**

FREIGABE: Der Film erhielt unzensiert von der JK die höchstmögliche Freigabe „Strafrechtlich unbedenklich" und erscheint so in der Black Edition von Splendid. Zusätzlich gibt es noch eine um satte 5 Minuten zensierte KJ-Fassung für die Kaufhäuser.

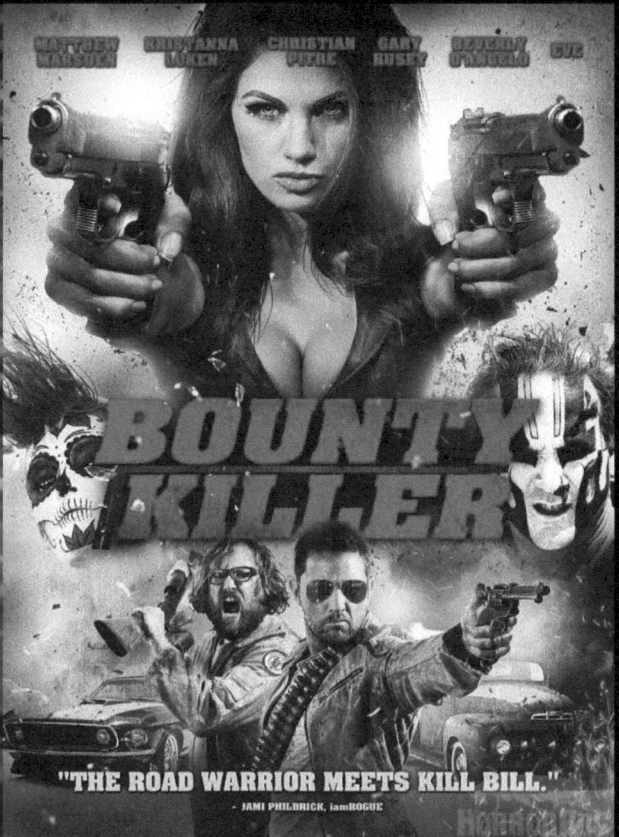

BOUNTY KILLER

Die Welt in nicht so ferner Zukunft...
Die Städte liegen nach den nuklearen Konzern-Kriegen in Trümmern und die Leute in den trostlosen Endzeitwüsten haben nichts besseres zu tun, als vor der Glotze zu sitzen, oder böse Sachen zu machen.
Da es inzwischen weder Polizei, noch Gefängnisse, gibt wurde auch das System der Strafverfolgung grunderneuert und dem apokalyptischen Alltag angepasst.
Von nun an sind Kopfgeld-Jäger damit beschäftigt die böse Buben zur Strecke zu bringen und ihnen sogleich auch den Prozess zu machen, da es inzwischen statt „Tot, oder Lebendig", nur noch „Tot" heißt.
Zwei besonders populäre Vertreter dieser äußerst beschäftigten Berufsgruppe sind die heiße Mary Death und der kernige Drifter, welche von Medien und dem schnöden Pöbel wie Rockstars gefeierte werden.
Als plötzlich auch auf Drifter ein Kopfgeld ausgesetzt wird; steht jede Menge Ärger ins Haus.

KRITIK

Ja, wo waren sie denn eigentlich abgeblieben? Die guten alten Endzeit-Actioner aus dem Fahrwasser des Road Warriors. Filme in denen man, trotz chronischer Benzinarmut mit zu Kampfmaschinen gepimpten PS-Schleudern durch die Wüsten gurkte und sich mit ammenwerfer und Armbrust vor verwilderten, aber immer durchgestylten Punks, Mutanten und Kannibalen in den erbotenen Zonen schützen musste.
lme, wo Männer noch Männer waren, an deren Drei-Tage-Bärten man das Messer schleifen konnte und die Frauen ntweder, im Sinne feministischer Gleichstellung, zur Kampfsau mutiert sind, oder als Holde Maid immer irgendwo aus der atsche gerettet werden musste! Filme, mit ihrer eigenen Bierfahne!!!
aja, wo auch immer die Mad Max-Verschnitte, die Tank Girls und Barb Wires sich verkrochen haben, sie alle kehren nun in Bounty Killer" in Form einer grandiosen B-Movie-Hommage mit geballter Kraft zurück!
Was Regisseur Henry Saine („Der letzte Lovecraft: Auf der Suche nach dem Relikt des Cthulhu") in seinem zweiten Langfilm asierend auf seinem gleichnamigen Kurzfilm) hier auf die unvorbereitete Zuschauerschafft los lässt, ist ein Trash-Hammer dem alle oben genanten Vorbilder in einen Mixer geworfen wurden, in den man obendrein noch ein Flasche Whiskey chüttete und ein Kilo Hackfleisch warf!
it unbekümmerter Leichtigkeit jagt er hier seine drei Protagonisten von einem Endzeit Klischee zum Anderen. Seien es erwilderte Wüstenstämme, eine Massenverfolgungsjagd mit eben jänen Völkchen, trostlose Todeszonen, oder chießereien in Wild-West-Kulissen; alles was man an den Schinken der 80er und frühen 90er so geliebt hatte, ist in diesen ilden, knallbunten Abenteuer enthalten.
azu gehört im Übrigen auch ein anständiger Schuss Splatter und Härte. Blut spritzt, Köpfe werden abgeschlagen, espalten, oder explodieren, Gesichter werden zerfetzt, Augen ausgestochen und Gliedmaßen abgeschlagen; und das leiste erfreulicher Weise ohne Zuhilfenahme von Effekten aus den Rechner.
azu kommt dann auch noch ein wunderbar aufgelegter und sehr sympathischer B-Movie-Cast:
o wurden die Hauptrollen mit Matthew Marsden („John Rambo", „Anacondas") als spitzbübiges Raubein „Drifter", Barak ardley („Evidence" von 2013) als sein tollpatschiges Helferlein und der wunderbaren Schnuckelnase Christian Pitre („Crazy upid Love) als seine schießwütige Konkurrentin und Ex Mary Death, besetzt.

Dazu kommen dann auch noch Kristanna Loken („Terminator 3", „Blood Rayne"), Abraham Benrubi („U-Turn", „Emergency Room"), Beverly D´Angelo („American History X") und (man sehe und staune) Garry Busey („Bullet Proof – Der Tiger", „Lethal Weapon") und sogar Alexa Vegra in einer Mini-Rolle.

Abgerundet wird das ganze Paket dann auch noch mit jeder Menge flotten Sprüche, Ironie und einen comichaften Stil, der keinen Zweifel daran lässt, dass dieser herrlich kurzweilige Blödsinn zu keinen Augenblick ernst gemeint ist.

FAZIT:

Sexy, witzig und extrem blutig...
"Bounty Killer" ist ein knallbunter, klasse besetzter und extrem goriger Endzeit-Action-Spaß irgendwo zwischen "Mad Max", "Barb Wire" und "Tank Girl", der sich zu keinen Augenblick ernst nimmt. Bierdosenkino vom Feinsten!
8 von 10 Punke.

FREIGABE:

Die FSK hatte eine guten Tag und dem Film unzensiert die 18er-Freigabe erteilt.
Mit Dieser erscheint „Bounty Killer" ende November im Handel.

STATE OF EMERGENCY

Die Explosion eine Chemie-Fabrik verwandelt die Einwohner einer ländlichen Gegend in kürzester Zeit in gewalttätige Monster. Es herrscht allgemeiner Ausnahmezustand.
Jim, der in dem Chaos bereits seine Frau verloren hat, versucht auf einen abgelegenen Farmhaus zu überleben...

KRITIK UND FAZIT:

Zombie-Horror mal Anders...
„State of Emergency" ist ein kleiner, aber feiner Low-Budget-Film, der sein geringes Budget durch eine clevere Handlung, ein bedrohliche Atmosphäre und soliden Spannungsaufbau kompensiert und weniger auf Blut und Gekröse setzt, sondern viel mehr versucht eine möglichst realistische Survival-Story al „28 Days Later" zu erzählen.
Mission geglückt! Auch ohne Zombiehorden und roter Sauce wird man hier über 90 solide Minuten mit einer einfachen, dafü aber straighten Story gut unterhalten und bei Laune gehalten; was neben der routinierten Inszenierung von Turner Clay („Interception"), vor Allem den überzeugenden Leistungen der eher unbekannten Darsteller zu verdanken ist.
Dazu kommen dann auch ein paar nette Ideen, wie Einlass bettelnde Infizierte, oder ein Spießrutenlauf um Medikamente z beschaffen.
OK, „State of Emergency" erfindet zwar Nichts neu und gehört sicher nicht zu den Filmen, die man unbedingt gesehen haben muss; im Einheitsbrei des sonst eher trashigen Zombie-Genres i er aber zumindest eine erfrischend ernstzunehmbare Abwechslung, für die man mal die Leihgebühr locker machen kann (wenn man die Gelegenheit dazu bekommt).
6,5 von 10 Punkte.

PROGNOSE: Könnte auch mit FSK:ab16 durch kommer

13 EERIE

KATHARINE ISABELLE — BRENDAN FEHR — BRENDAN FLETCHER — NICK MORAN — JESSE MOSS

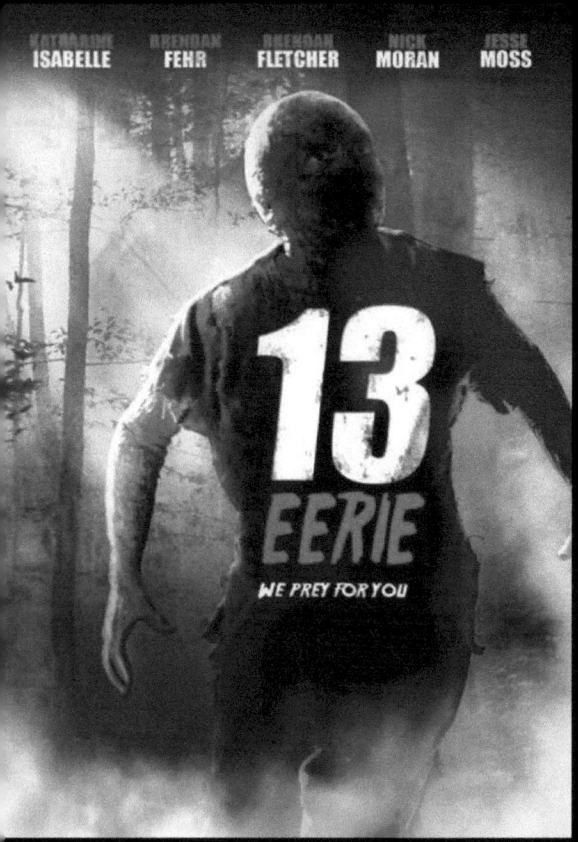

Sechs Forensiker in Ausbildung werden, zwecks Prüfung, auf eine kleine Insel geschippert.
Was keiner der Beteiligten ahnt. Auf dem verlassenen Gelände wurde einst Kampfstoff-Experimente an Verbrechern durchgeführt und die Leichen zurück gelassen.
Diese erheben sich nun aus ihren Gräbern und gieren nach frischen Fleisch.

KRITIK UND FAZIT:

Die Zeiten sind schon hart für uns Zombie-Fans...
Wo heutzutage doch Jeder Möchtgern-Filmemacher mit einer Kamera, einem Kasten Bier, zwanzig Freunden und einen Laptop einen Zombiestreifen zurechtzimmern kann, oder die etablieren Regisseure sich dem Massengeschmack und Druck der Studios beugen und höchstens Weichgespühlte Kinderkacke herunterkurbeln; ist klassische, gut gemachte B-Movie-Ware aus dem Zombie-Genre relativ selten geworden. Umso mehr kann man sich über den überaus ordentlich geratenen „13 Eerie" freuen, den Spielfilm-Debütant Lowell Dean handwerklich sauber, mit einen ansehnlichen Genre-Cast und einen Budget von satten drei Millionen Dollar in Kanada inszeniert hat.
So dürfen, unter Anderen, die liebreizende Scream-Queen Katharine Isabelle („American Marry", „Ginger Snaps"), Brenadan Fletcher („Rampage", „Freddy vs Jason"), Brendan Fehr („Final Destination", „Forsaken") und Jessy Mose („Final Destination 3", „Tucker & Dale vs Evil") sich als Sympathieträger der mutierten Zombiebrut erwehren, oder als Frischfleisch her halten.
Und um mehr geht's bei „13 Earie" auch nicht. Wehrend das erste Drittel sich noch Zeit nimmt, um die Charaktere einzuführen und etwas Spannung aufzubauen; ist danach purer Survival-Horror angesagt, bei dem es auch wirklich hart und blutig zur Sache geht.
Die zahlreiche Gore-Szenen (inklusive Fress-Szenen) sind schön derbe und wurde mit dem Einsatz von Zeitlupen auch noch ordentlich ausgewalzt. Zudem hat man erfreulicher Weise komplett auf CGI-Effekte verzichtet und viel Latex verbraucht.
Bei den Zombies ist übrigens eine nette Idee, dass es gleich zwei Sorten davon gibt. Wehrend die Häftlinge eher wie Ghouls oder Mutanten daher kommen und etwas kräftiger und schneller sind, entsprechen ihre verstümmelten Opfer eher der klassischen, langsam vor sich hin schlürfenden Sorte. Bei beiden Typen hat man übrigens ebenfalls wunderschöne Make-up-Arbeit geleistet.
Einziger Kritikpunkt ist, dass sich die durchaus wehrhaften Charaktere teilweise recht blöd anstellen und ihren Tod daher meistens regelrecht provozieren. Das ist man aber aus dem Genre ja gewohnt.
Ansonsten ist „13 Eerie" schnörkellose, schön altmodische und sehr blutig geratene B-Movie-Unterhaltung die in jede gut sortierte Zombie-Sammlung gehört. **7 von 10 Punkte.**

FREIGABE:

Bei der FSK erwartungsgemäß durchgefallen, wurde die Ab18-Fassung zensiert. Mit noch reichlich enthaltenen Gekröse (so wurden erstaunlicher Weise die Ausweidungs-Szenen gar nicht angetastet) ist diese Version zumindest noch zum antesten geeignet. Eine Uncut-Fassung aus Österreich dürfte, wie bei Anolis üblich, etwas später kommen.

MIMESIS –

NIGHT OF THE LIVING DEAD

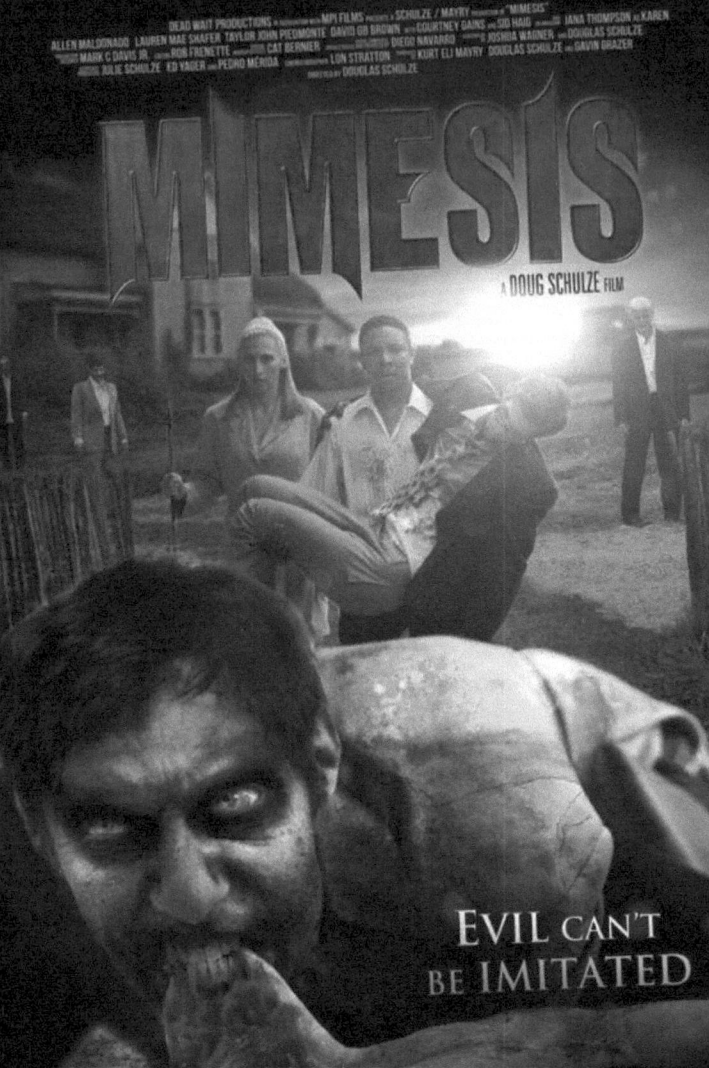

Das hätten sich zwei Horror-Nerds so wohl nicht zu träumen gewagt... Auf einer Horror-Convention von der hübschen Judith zu einer ausschweifenden Aftershow-Party eingeladen, wachen sie am nächsten Morgen, zusammen mit Anderen, umgezogen auf dem Grundstück einer abgelegenen Farm auf und werden alsbald von Zombies angegriffen. Es scheint tatsächlich, dass sie sich plötzlich als Hauptfiguren in Georg R. Romeros Zombieklassiker „Nacht der lebenden Toten" befinden. Einen Film, denn bekanntlich keiner der Protagonisten überlebt hat...

KRITIK UND FAZIT:

Es geht ja doch!...
Die Zombie-Thematik ist ja tatsächlich noch für sowas wie Überraschungen gut, wenn sich ihr Jemand mit ein bisschen Hirnschmalz annimmt!
Und so ist dann, ohne zu viel verraten zu wollen, auch Douglas Schulze´s „Mimesis – Night of the living Dead" mitunter das Innovativste, was das Zombie-Genre in den vergangen Jahren hervor gebracht hat.
Ein intelligenter B-Horror-Thriller, der mit augenzwinkernden Anspielungen auf die Fan-Kultur und Romero´s Original, einer abgefahrenen Idee, einer überraschungsreichen Handlung, einen soliden Härtegrad und einigen derben Gore-Einlagen auf ganzer Linie überzeugt.
Hinzu kommt eine schön düstere Inszenierung und ein, wie immer launiger, Sid Haig („Haus der 1000 Leichen"), der quasi sich selbst spielt. Nicht nur für Zombie-Fans eine klare Empfehlung.
7 von 10 Punkte.

FREIGABE: Die deutsche FSK:ab18-Fassung ist unzensiert.

FRESH MEAT

Das wird eindeutig nicht Rinas Tag...
Frisch zurück von der Mädchenschule muss das Mädel im heimischen Kühlschrank eine gut gewürzte und marinierte Hand finden und sich von ihren Eltern erzählen lassen, dass diese zum Glauben des Solomon Smith gewechselt sind und nun Menschen essen.
Doch zum Aufarbeiten dieser neuen Entdeckung bleibt keine Zeit, denn sogleich platzt eine Bande flüchtiger Gangster ins Haus und nimmt die gesamt Familie als Geiseln.
Doch Wer ist nun für Wen die größere Gefahr?

KRITIK UND FAZIT:

Oh!... Blutiger, von Humor durchzogener Horror aus Neu Seeland. Wird jetzt etwa Jemand schon wieder nen lahmen Verweis auf die Heimat von Peter Jackson und „Braindead" bringen? Ups!!! Somit gerade passiert und abgehackt!
...und das ist auch gut so; denn, mal abgesehen von seiner humorlastigkeit und eines ansehnlichen (aber auch nicht wirklich vergleichbaren) Blutverbrauchs, hat die hier besprochene Kannibalen-Komödie rein gar nix mit Peter Jacksons Kult-Splatter-Granate gemein.
Viel mehr haben wir es hier mit einer grellen Satire zu tun, die stilistisch ansatzweise an John Waters „Serial Mom" erinnert und inhaltlich als ein tarantinoesquer, wendungsreicher Mix aus Mike Mendez „Killers" und „Blood Diner" beschrieben werden kann.
Klingt zwar super; ist es letztlich aber nicht. Also super; von Schlecht ist „Fresh Meat" auf jeden Fall auch Lichtjahre entfernt.
Es ist auf jeden Fall ein schwer unterhaltsamer und handwerklich astrein gemachter Film, der sich gerade in sachen Optik vom üblichen B-Movie-Einheitsbrei abhebt. So setzt der überwiegend im TV tätige Regisseur Danny Mulheron („Rage" von 2011) auf eine bunte, helle Optik, die den comichaft-lockeren Stil des Films unterstreicht; und würzt das Ganze mit ein paar Teils recht herben Gore-Einlagen; die wohl portioniert über den Film verteilt wurden; und, bis auf ein-zwei Ausnahmen, auf Handarbeit setzen.
Die Schauspieler sind gut bis klasse; und mit viel Spielfreude dabei.
Besonders Temuera Morrison („Spartacus: Gods of the Arena"), als überenthusiastischer Kanniablen-Daddy darf im Laufe des Film wunderbar aufdrehen und ist herrlich durchgeknallt. Zudem sind die zwei weiblichen Heroinen Kate Elliott („Cleopatra 2525", „30 Days of Night") als Gangster-Braut und die süße Newcomerin Hanna Tevita (von der es in Zukunft hoffentlich noch viel mehr zu sehen gibt) echte Eye-Catcher.
Das einzige Problem von „Fresh Meat" ist, dass der Film recht spannungsfrei daher kommt, was eben an seiner lockeren Art und den total überzeichneten Figuren liegt, die entweder bekloppt (Kannibalen-Familie) oder verblödet sind (Ganster-Bande). Erst zum Ende, wenn es dann richtig rund geht und eine etwas düsterer Ton eingeschlagen wird, stellt sich dann doch etwas Spannung ein.
..Was aber auch nicht so schlimm ist, da man bis dahin auch bestens mit viel Wortwitz, Situationskomik, herrlich durchgeknallten Figuren und Gore bei Laune gehalten wird. **7 von 10 Punkte.**

FREIGABE: FSK:ab18 und uncut.

FRIGHT NIGHT 2 – FRISCHES BLUT

Charley, Ed und Amy weilen als amerikanische Austauschstudenten in Rumänien, als Charley seine heiße Professorin für europäische Kultur im gegenüberliegenden Hotel bei unzweifelhaft vampiristischen Aktivitäten beobachtet. Unglücklicherweise entdeckt die Professorin dabei auch Charley.
Das Blut seiner jungfräulichen Freundin Amy wäre genau die richtige Medizin, um der Vampirin ewiges Leben zu sichern. Zum Glück für Amy und Charley weilt der TV-Vampirjäger Peter Vincent in der Stadt. Doch der muss erstmal überzeugt werden. (Amazon.de)

KRITIK UND FAZIT:

Es ist das alte Lied der DTV-Fortsetzung.
Ein Film kommt ins Kino und floppt, ist dann aber wiederum auf Silberscheibe recht erfolgreich.
So nun auch passiert mit dem „Fright Night"-Remake von 2011, welches bei einem Budget von 30 Millionen in den USA nur knapp 18 Millionen in den Lichtspielhäuser einspielte und dann weltweit und im Heimkino-Bereich noch genug Kohle einbrachte, dass man das Ganze doch noch halbwegs als Erfolg verbuchen konnte.
Und weil es dann doch etwas Schade wäre, das Franchise ganz abzuschreiben; hat man es nun eben in den kostengünstigeren DTV-Sektor verlegt. Schließlich lassen sich ja so immer noch ein paar Kröten machen.
Und diese kurze Anekdote ist dann auch schon das Interessanteste an diesem nach Bukarest verlegten Billig-Sequel; welches dann eigentlich auch keine Fortsetzung, sondern ein weiteres Remake ist. Tatsächlich drängt sich der Begriff Aufguss regelrecht auf.
Es gitb keinen Bezug zu ersten Teil. Man hat einfach Story, Figuren und Handlung nach Osteuropa verlegt und alles in leicht abgewandelter Form schnell noch mal runter gekurbelt.
Statt dem Nachbar-Vampir Jerry gibt's diesmal ein weibliches Gegenstück namen Gerry; Peter Vincent ist nun Star einer Internet-Reality-Show nach dem Vorbild von „Ghost Hunters", der sich zwar mit Vampiren auskennt, sich aber einscheißt sobald er einen sieht, die Hauptfigur heißt wieder Charley Brewster, ist diesmal ein Auslandsstudent; und natürlich dürfen der nerdige Kumpel, welcher natürlich ins Kreuzfeuer gerät, und die nervige Freundin, die es dann zum Ende hin zu retten gilt.
Hat man den ersten Teil, oder das Original, gesehen, kann man sich „Fright Night 2: Fresh Blood" locker sparen, denn die Handlung verläuft im Grunde exakt, wie die des ersten Teils und bleibt dem Zuschauer jede Überraschung schuldig.
Die Inszenierung wirkt selbst für einen DTV-Film ganz schön schäbig und unspektakulär (die Explosion am Anfang ist an Lächerlichkeit kaum zu überbieten), und die Darsteller sind größten Teils unbekannt. Einzige Ausnahme bilden die wunderbare Jamie Murrey als sexy Vampirrette Gerry und TV-Darsteller Sean Power als Peter Vincent, der aber die erbärmlichste Interpretation des Charakters abliefert.
Das ist besonders schade, wenn man bedenkt, dass Regisseur Eduardo Rodrigues zuvor, bei vergleichbaren Mitteln, die überaus soliden „El Gringo" und „Stash House" abgeliefert hat.
Immerhin: Gänzlich spannungsfrei ist der Schinken dann doch nicht, es gibt ein-zwei gute Szenen, deutlich mehr Erotik, ein zwei derbere Gore-Effekte und man hat es wenigstens mit klassischen Vampir-Stoff, jenseits des weichgespülte Twilight-Drecks, zutun. Das macht den Film zwar nicht weniger Überflüssig, doch wenigstens ist es kein Totalausfall.
5 von 10 Punkte.

FREIGABE: FSK:ab18 und uncut.

BLOODY HOMECOMING

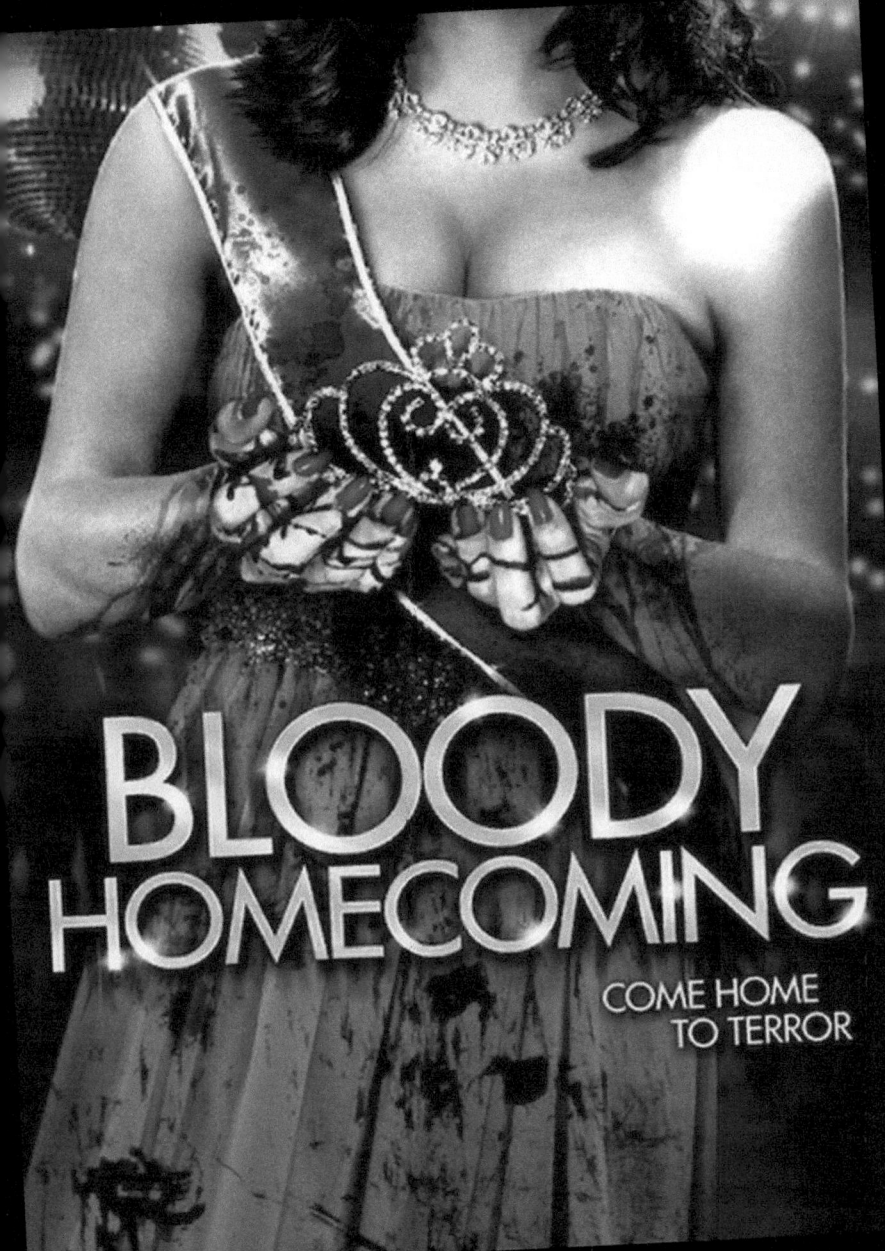

Es ist die Nacht des schulischen Homecoming-Festes und der gerissene Billy will seiner kleinen Freundin Anne an den Schlüpfer. Deshalb sorgt er dafür, dass sie und ihre Freunde keinen Zutritt zur Party bekommen und somit mit ihm zusammen in Gerätelager um die Ecke feiern müssen, bis er sich mit seiner Herzallerliebsten absetzten kann.
Soweit klappt der Plan auch ganz gut; nur dass Anne einer fröhlichen Fickerrei deutlich abgeneigt ist, was den kleinen Arsch Billy etwas handgreiflich werden lässt. Gerettet von ihrer Freundin Loren, die Billy eine Latte über den geilen Schädel zieht, gelingt den zwei Mädels die Flucht und Billy in einer Abstellkammer einzuschließen.
Das hat aber zur Folge, dass der wütende Möchtegern-Stecher eine Kerze umstößt und in dem Raum schön durchgebrutzelt wird und an den Folgen verstirbt..

rei Jahre später ist Gras über die Sache gewachsen und die Gruppe bereitet sich wieder auf das Homecoming-Fest vor. Da nden sie plötzlich mit Blut geschriebene Zettel in ihren Spinden auf dennen „Happy Homecoming" steht.
on nun an haben sie einen als Feuerwehrmann verkleideten Killer an der Backe, der einen der Teenager nach dem Andren s Jenseits befördert.
och wer ist der Killer? Ist es Billys Vater, der Sheriff? Der brünftige Rektor? Oder doch der gruselige Moppschwinger, der urch die Schulflure geistert?
Oder gar Billy selbst?!!!

KRITIK:

Was haben wir denn hier eigentlich? Beziehungsweise, was haben Spielfilmdebütant Brain C. Weed und Drehbuchautor Jacke Helgren im Sinn gehabt, als sie sich an „Bloody Homecoming" gemacht haben?
Eine Slasher-Hommage? Eine subtile Genre-Parodie? Oder haben sie sich schlicht und ergreifend zehn der berühmtesten Schlitzerfilme an einem launigen Wochenende rein geknallt, und dann aus den zusammengeklauten Ideen und Klischees mal schnell günstig einen Film gezimmert, um an Kohle zu kommen?
Diese Frage wird mit Sicherheit noch sehr lange die Gelehrten beschäftigen und vielleicht auch noch so manchen Glaubenskrieg herauf beschwören.
Fakt ist jedenfalls, dass jede der drei Antworten zutreffen könnte; und „Bloody Homecoming" somit soviel Eigenständigkei besitzt, wie ein FDP-Mitglied. Ein fast schon bewundernswerter Rip-Off verschiedenster Genre-Vertreter.
Sei es die Filmmusik, die schon an Lächerlichkeit grenzend dem Score aus „Halloween" ähnelt, das dreckige Feuerwehrmann-Kostüm (samt Gasmaske) des Killers, welches stark an „My bloody Valentine" erinnert, die bedrohlichen

Zettel aus „Ich weiß, was du letzten Sommer getan hast" die zusammen gehorteten Leichen a la „Ab in die Ewigkeit" und...und...und...
Herrgott, es gibt's sogar einen fetten, geilen Schuldirektor und einen unheimlichen glatzköpfigen Hausmeister! Und natürlich könnte Jeder der Killer sein Was auch immer „Bloody Homecoming" sein mag - hat man wenigstens die Hälfte der wichtigsten Slasher der vergangenen zwanzig Jahre nicht verpasst, so kommt man über die knapp 80 Minuten Spielzeit, kaum aus der Schmunzeln heraus; so dreist ist hier zu Werke gegange worden.

Und dass ist auch gut so, denn gerade diese Dreistigkeit mach den Film dann auch tatsächlich halbwegs sehenswert.
Schauspieler und Inszenierung kann man hingegen getrost vergessen.
Was Ersteres angeht, ist das einzige Gesicht mit Erinnerungswert, das von Jim Tavare´(„Harry Potter und der Gefangene vo Askaban") , als unheimlicher Hausmeister. Ansonsten hat man hier nur bessere TV-Statisten besetzt; was sich dann auch merklich im teils laienhaften Spiel wieder spiegelt. Wobei sämtlich Charaktere, der Natur der Sache entsprechend, sowieso den üblichen Schnittmustern entsprungen sind.
Was Letzteres anbelangt, so arbeitete Brain C. Weed allenfalls routiniert, wobei er aber, bei Szenen in denen etwas mehr Bewegung herrscht, auch in eher semiprofessionelle Gefilde abdriftet.
So ist dann auch ausgerechnet der Kampf im Finale eher lächerlich, als spannend geraten.
Insgesamt bewegt sich alles knapp unter dem Niveau eine durchschnittlichen „The Asylum"-Produktion. Was bei einem Budget von (angeblich, laut IMDB) satten drei Millionen Dollar eine ziemlich ärmliche Leistung ist.
Zu guter Letzt sein noch gesagt, dass es in „Bloody Homecoming" zuweilen bei den kreativ abgekupferten Morden tatsächlich blutig zugeht, der Film aber auch hier nicht viel reißen kann, da man auch nicht all zu sehr in die Vollen geht.
Erinnerungswürdigster Moment ist dann übrigens ein Mord per Luftballon (WTF?!).

FAZIT:

Gut gemeint, schwach umgesetzt. Mit einem talentierteren und erfahrenen Regisseur hätte „Bloody Homecoming" eine richtig spaßige Slasher-Granate und Hommage werden können. Doch so ist es ein eher lieblos und unbefriedigend herunter gekurbeltes Billig-Filmchen, dass seinen noch akzeptablen Unterhaltungswert einzig seinem unglaublich hohen Anteil an dreisten Zitaten und unfreiwilligen Humor zu verdanken hat. **4,5 von 10 Punkte.**

PROGNOSE:

Hier steht nichts einer 18er-Freigabe im Weg. Könnte vielleicht sogar noch mit FSK:ab16 durchgehen.

NEUES AUS DER KLAPPMÜHLE

Filme by The Asylum, Syfy und Co... Unsere allgemeine Trash-Ecke.

GHOST SHARK

So kann´s gehen! Weil ein paar Hinterwäldler beim ersoffenen Nachtfischen einem weißen Hai ne Granate vor den Buk schmeißen und das Tierchen sich zum sterben eine alte Ritualstätte aussucht, haben alsbald die Einwohner der kleinen Küstenstadt ein gewaltiges Problem am Hals. Einen riesigen Geisterhai, der, überall wo nur der Hauch von Wasser ist, seinen Opfern auflauert und diese blutige zerfleischt. So werden selbst Badewannen und und gar Putzeimer zur tödlichen Gefahr!
Obwohl sich die Leichenteile schnell zu häufen beginnen, erkennt einzig eine Gruppe von Jugendlichen, dass da ein untoter Mörderhai unterwegs ist und versucht mit vereinzelten Kräften gegen das blau schimmernde Ungetüm vorzugehen.

KRITIK:

Active Entertainment! Neben „The Asylum" ein gern gesehene Produktionsfirma, wenn es um die Filme aus der „Syfy Original Movies"-Reihe geht – zumindest unter Trash-Fans.
Denn ähnlich, wie unsere Freunde aus der Klappsmühle, sind sich auch die kreativen Köppe von Active Entertainment für keinen Blödfug zu schade. Sei es „Arachnoquacke", „Haunted High", oder zuletzt „Riagin Cajun Redneck Gators", in dem sich Rednecks wegen kontaminierten Moonshine in Monster-Alligatoren verwandeln; steht man auf überwitzigen Trash an der Grenze zum Wahnsinn, so ist man bei der B-Movie-Schmiede absolut richtig. Zumal diese ihre Produktionen inzwischen deutlich liebevoller und auch blutiger fabriziert, als es die bisherige Referenz „The Asylum" tut.
So liefern sich die beiden Trash-Schmieden hier nun sogar mit „Sharknado" (The Asylum) und „Ghost Shark" einen kleinen Kampf darum, wer denn nun den eklopptesten Hai-Horror 2013 (vielleicht sogar aller Zeiten) auf den Markt geworfen hat.
Und es sieht sogar ganz danach aus, als würde der Geister-Hai diesen Kampf gewinnen.
Denn auch wenn mit Haien um sich schmeißende Tornados der absolute Burner sind; wenn Cheerleader blutig und zuckend in Putzeimern verschwinden, ein netter Junge auf einer Wasserrutsche vom Ghost Shark weggehappst wird und ein Beamter nach einen Schluck Wasser der Länge nach aufplatzt; dann sind das Hinschmelzer die jedem Jünger gepflegter Trashigkeit den Speichelfluss in Wallung bringen.
Ja, die Autoren (es waren gleich drei an der Zahl) waren sich durchaus dessen bewusst, dass schon allein die Idee um einen Geisterhai puren Kokolores ist und haben sich daher nicht großartig damit aufgehalten viel Arbeit in sowas wie eine schlüssige, oder gar logische Handlung zu stecken. Statt dessen hat man sich drauf konzentriert möglichst viele, kreative und (nicht selten) bescheuerte Todesszenen im Film zu platzieren; welche Regisseur Griff Furst (und „Arachnoquacke", „Lake Placid 3", „Swamp Shark") routiniert, aber möglichst blutig in Szene setzte.

nur ausschließlich auf die obligatorischen Billig-CGI gesetzt hat, sondern auch den ein oder andere etwas derberen Handmade-Effekt eingesetzt hat, wodurch „Ghost Shark" tatsächlich einige Härten vorzuweisen hat und insgesamt zu einem, für TV-Verhältnisse, relativ splattrigen Vergnügen wurde.

Das ist insofern auch wichtig, da „Gost Shark" abseits seiner blutiger WTF-Momente nicht all zu viel zu bieten hat.

Unter den bemühten, aber eher farblosen Schauspielern, die alle ohnehin nur leidlich sympathische Klischee-Knallköpfe spielen, haben einzig Berufs-Hackfresse Richard Moll(„Scary Movie 2") und Speck-VideoBlogger „Shawn C. Philips" („Ghostquacke") sowas wie einen Winderkennungswert.

solide, kommt aber über das typische Syfy-Niveau nicht hinaus. Immerhin kommt bei dem hohen Tempo und der niedrigen Laufzeit zu keinen Augenblick Langeweile auf.

FAZIT:

Ob „Ghost Shark" der bescheuertste Hai-Streifen des Jahres (oder gar aller Zeiten) ist, lässt sich zwar noch streiten; aber eben allein die Tatsache, dass man es kann, macht diesen blutigen, temporeichen und sich zu keinen Augenblick ernst nehmenden TV-Trash-Hammer für Fans hirnverbrannter Grütze zu einem absoluten Pflichtfilm. **6,5 von 10 Punkte.**

FREIGABE: FSK:ab18 und uncut. Identisch zur unzensierten US-TV-Fassung.

SHARKNADO

Endzeit-Stimmung in Californien!
...denn ein riesiger Stum hat sich über dem Pazifik zusammengebraut und zu allem Überfluss auch noch tausende von blutrünstigen Haien in sich aufgesaugt ha So richtet die Naturgewalt nun in Los Angeles nicht nur allerlei Schäden und Chaos an, sondern lässt auch noch die bösartigen Fressmaschinen überall vom Himmel Regnen.
In die Wirren dieser Katastrophe geraten auch der Heldenhafte Barbesitzer/geschiedener fürsorgliche Vater Shepert und seine Freunde; die sich von nun an mit Schusswaffen und Kettensägen der Sharkpokalypse erwehren müssen.

KRITIK:

Das Hai-Genere, eine Geschichte voller Missverständnisse...
So ist es schon erstaunlich, dass der titelgebende Fisch es seid Urzeiten geschaft hat der Evolution zu trotze (warum sollte er auch nicht, gilt er doch bereits als perfekter Jäger der Ozeane); wehrend das Genre selbst seid Spielbergs „weißen Hai" schon so manche Veränderung durchgemacht hat.
Nach den üblichen Fortsetzungen und Plagiaten („Last Jaws", „, den modernen Neuauflagen („Deep Blue Sea", „Shark Night")und den Schnellschüssen für den TV- un DTV-Markt („Shark Attack"), kehrte irgendwann der blanke Wahnsinn in das, biss auf die Knochen kanniablisterte Genre ein. Sei es der „Mega Shark",„Super Shark", „Shartopus", der japaische „Pscho Shark", „Two-Headed-Shark Attack"oder die „Sand Sharks"; irgendwann in den vergangen Jahren entwickelte sich der Haifilm (im Grunde eigentlich das ganze Tierhorror-Genre) zur cineastischen Lachnummer und unter den Produktionsschmieden entbrannte eine wahrer Wettbewerb darum, wer den bescheuertesten Hai-Horror auf die Matscheibe klatscht. Sozusagen ein (sicher nicht selten unter Alkoholeinfluss initiiertes) Wettwichsen der Trash-Produzenten!

dieser unheilige Vorgang fand nun 2013 mit „Ghost Shark" (siehe Review) und dem hier vorliegenden The-Asylum-Werk „Sharknado" seinen vorläufigen Höhepunkt.

Inspiriert vom Foto eines Hai´s, der nach dem Hurrikan Sandy in New Yorks U-Bahn abgelichtet wurde, treiben es die Leute aus der Klappsmühle mal wieder auf die Spitze und lassen Haus-und-Hof-Autor Thunder Levin („American Battleship", „Apokalypse Earth", „Atlantic Rim") unzählige Haie auf L.A. nieder hageln, aus Abwasser-Kanälen hüpfen und überfluteten Wohnungen und Swimmingpools unsicher machen.

Wer meint, das klinge schon nach einem guten Grund sich einen hinter die Binde zu schütte, der sollte sich nochmal ins Gedächtnis rufen, dass Levin Stümper aus Leidenschaft ist, und das aus bisherigen The-Asylum-Katastrophen-Werken zusammengetackerte Drehbuch nur so vor seltenblöden Dialogen und Plotholes strotzt und die klischeebeladene Story, samt seiner bedepperten Schablonen-Charaktere, von einen beliebigen Plot-Point zum anderen jagt und dazu noch eine absolut nervende Zerrüttete-Familie-Geschichte auftischt. Da kann der an sich sehr talentierte Anthony C. Ferrante („Headless Horseman", „Hänsel und Gretel") auch nicht mehr all zu viel reparieren. Erst recht nicht bei einem Budget von nur einer Million Dollar, von der natürlich auch die Gescheiterten Ex-Stars Tara Reid („American Pie", „Alone in the Dark", „Big Lebowski"), John Heard („Assult on Wall Street", „Kevin allein zu Hause") und (kaum wieder zu erkennen) „Beverly Hills 902010"-Star Ian Ziering bezahlt werden müssen.

Dementsprechend ist „Sharknado" auch ein purer, unverhohlener und auf Logik und Continuity pfeifender The-Asylum-Trash, wie er im Buche steht; der gar nicht erst versucht auch auch nur Ansatzweise irgend etwas Anderes als filmische Gülle zu sein und seinen Schwerpunkt auf seine bescheuerten Ideen legt – womit man allerdings auch jedes Spannungspotenzial entfernt.

Und wenn man sich darauf einlassen möchte, wird man auch jede Menge Spaß haben. Fliegende Haie, die Menschen am Stück verschlingen, ein Amok laufendes Riesenrad und Kettensägen-Action die darin Mündet, dass einer der Helden einen Hechtsprung ins Maul eines Hai´s macht und es überlebt!
Dazu gibt's dann noch Effekte aus dem Stock-Footage-Baukasten deren Qualitätt ständig zwischen „sieht ja eigentlich chick aus" und „wollt ihr mich verarschen" hin und her springt.
Einzig, was den Splatter-Gehalt anbelangt, fällt „Sharknado" doch arg enttäuschend aus. Von gerade mal zwei tatsächlich blutigen Szenen mal abgesehen, gibt es nur gelegntlich ein paar kleine Blutspritzer.

FAZIT: The Asylum hat mal wieder zugeschlagen und einen wunderbar bekloppten Vorwand geliefert der Leber mal wieder etwas Schaden zuzufügen. Nicht mehr, aber auch nicht weniger.
Aus der Idee, die letztlich für den enormen Erfolg des Films verantwortlich war, hätte man noch deutlich mehr raus holen könne. ...Vielleicht passiert das ja im bereits in Produktion befindlichen „Sharknado 2".
von 10 Punkte.

FREIGABE: FSK:ab16 und uncut.

RAGIN CAJUN REDNECK GATORS

Eigentlich wollte der ehemalige Wildfang und jetzige Vegetarierin Avery, wehrend der College Ferien, nur ihren Vater in den Sümpfen besuchen; kann sich aber nicht mehr so recht mit den Sitten und Verhaltensweisen des örtlichen Hinterwäldlertums anfreunden.
Gut, dass es da noch Landei-Schönling und Jugendliebe Dathan gibt, mit dem man zur Ablenkung im Tümpel kuscheln kann. Schlecht dagegen ist, dass er zu einem Klan gehört, der mit ihrer Familie des Mädels seid Urzeiten verfeindet ist.

Und noch schlechter ist, dass sich in der Gegend eine neue Art von Alligatoren breit macht, die nen roten Rücken und Stacheln am Schwanz haben, die sie abfeuern können und damit auf Menschenjagd gehen.
Und richtig, aber auch legendär schlecht ist, dass es sich be den Alligatoren eigentlich um Leute aus der Nachbarschaft handelt.
Denn das örtliche Moonshine wurde so schlecht abgemisch dass es seine Konsumenten in die garstigen Killer-Handtaschen verwandelt.

KRITIK UND FAZIT:

Oh my... Oh my... Oh my...
Ja, ihr habt richtig gelesen.
Hier geht es, um Hinterwäldler, die sich vom Selbstgebrannten in Alligatoren verwandeln!
Das muss man sich mal auf der Zuge zergehen und kurz sacken lassen!
Rednecks die sich wegen schlecht gemachten Alk in Alligatoren verwandeln!!!
Wäre es ein Fluch, ein Zauber, ein genetisch erschaffenes Virus (das Alligatorisisiern, ist im Film übrigens tatsächlich ansteckend); würde da wenigstens ein Mindestmaß an Logik stecken. Aber hier ist das so, als wenn jemand etwas Windex in den Jägermeister mischt und sich die Leute deshalb plötzlich in ansteckende Killer-Hirsche verwandeln würden!
Und so bekloppt, wie das klingt, gestaltet sich dann auch der ganze Film. Angelegt im Milieu der ungewaschenen, dummer dauerbesoffenen und untereinander über jede Ecke verwandten (nein, hier wird kein Klischee ausgelassen) Sumpfbewohner, gibt es hier mal etwas anderen Tierhorror, in den man noch einen shakespeareischen Familien-Feden-Plc gewurschtelt hat.
Naja, was heißt hier eigentlich etwas anders? Abgesehen von der seltenbescheuerten Idee und der eigenwilligen Figuren-Konstellation, hat „Ragin Cajun Redneck Gators" alle Merkmale eines typischen Syfy-Creature-Features. Ein (mutmasslich) im Koks-Rausch verfasstes Drehbuch voller Ungereimtheiten und strunzdoofer Figuren, aufdringliche musikalische Dauerunteralung mit Klängen aus der Retorte, vier bis fünf Locations im Dauereinsatz und klobig animierte Monster-Alligatoren aus dem CGI-Schnellschuß-Baukasten, und ein etwas bekannteres Gesicht in der Hauptrolle - hier vertreten duch Sherif-Carters Schnuckel-Töchterchen aus „Eureka", die dralle Jordan Hinson, die eine erstaunliche Ähnlichkeit zu Lindsay Lohan besitzt.
Da hier mal wieder Active Entertainment als Produktionsschmiede fungierte, geht es wenigstens alles andere als unblutig bei den Alligator-Angriffen zur Sache. Leider aber sind hier alle Splatter-Effekte aus dem Computer und leider auch nicht sonderlich liebevoll errechnet; was den Spaß dann doch etwas trübt.
Doch immerhin; Spaß machen tun die Redneck-Alligatoren allemal. Vorausgesetzt man hat genug getankt und sich auch au hirnzerfetzenden Blödsinn eingestellt. **5 von 10 Punkte.**

PROGNOSE: Wahrscheinlich FSK:ab16.

HORROR IN DER DRITTEN DIMENSION

WORLD WAR Z

Das Leben des ehemaligen UN-Mitarbeiter Gerry Lane ist relativ unspektakulär geworden, seid er seinen Job zu Gunsten der Familie und des morgendlichen Pfannkuchenmachens aufgegeben hat. Das ändert sich schlagartig, als eine unbekannte Seuche die Menschen in lebende Tote verwandelt und rasenden Bestien die Städte überrennen. So auch in Philadephia, aus der es die Familie Lane nur mit knapper Mühe und Not lebendig raus schafft. Von seinen ehemaligen Arbeitgebern reaktiviert, muss er nun rund um den Globus reisen, um ein Heilmittel gegen die sich immer weiter ausbreitenden Untoten zu finden.
Ein fast aussichtsloser Wettlauf gegen die Zeit und um das Leben seiner Familie beginnt...

KRITIK :

R-Rated-Kinofassung - Wenn man die Produktionsgeschichte von „Wold War Z" beachtet, ist es wahrlich ein Wunder, dass dieser Film es letztlich nicht nur in die Kinos geschafft hat, sondern dort auch noch recht erfolgreich abschnitt. Regisseur Marc Forstes (eigentlich schon bei „Ein Quantum Trost" unter Beweis gestellte) Unfähigkeit Actionfilme zu inszenieren, Reibereien und Machtkämpfe am Set, eine nachträgliche 3D-Konvertierung, explodierende Produktionskosten und die Tatsache, dass das komplette letzte Viertel nachgedreht werden musste; waren schon deutliche Anzeichen für einen bevorstehenden kommerziellen Mega-Flop. Ganz davon zu schweigen, dass sowohl die Fans von Max Brooks gleichnamiger Vorlage, als auch die Zombie-Genre-Fans allgemein keinesfalls von rennenden Untoten und ganz besonders der angekündigten PG-13-Freigabe begeistert waren.
Nun, letztlich kann man sagen, dass „World War Z" mit der Vorlage eigentlich nur noch den Titel gemeinsam hat; und dass es im Grunde auch kein richtiger Zombiefilm, sondern eher ein Katastrophenfilm mit Zombies ist.

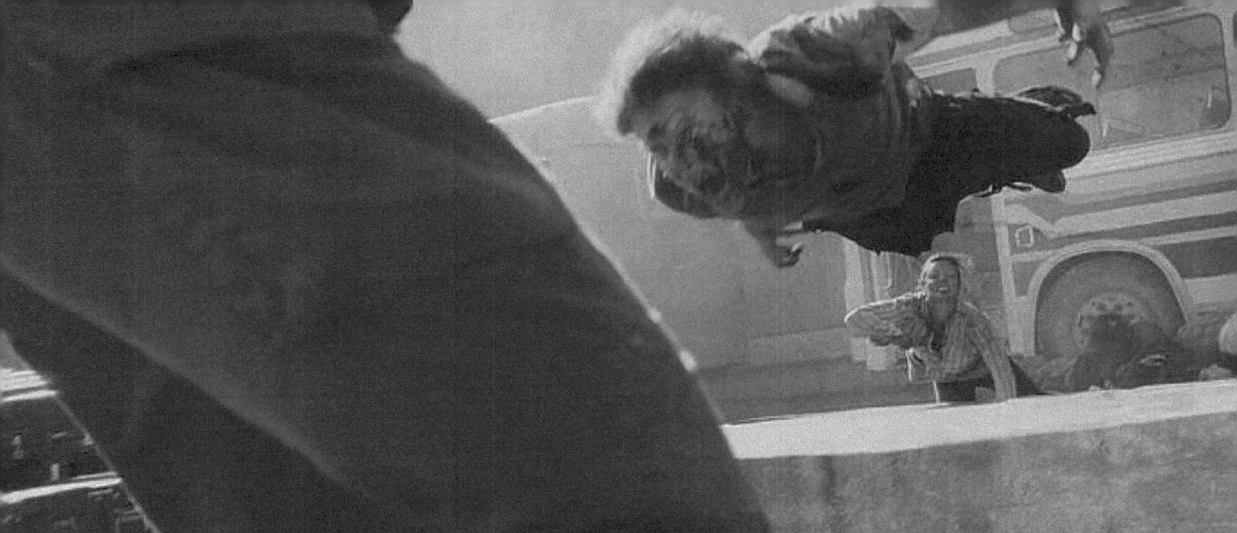

Das mag zwar ärgerlich sein; doch geht man mal unvoreingenommen an den Film heran, bleibt einem immer noch ein gut gespieltes, teils wirklich spektakulär in Szene gesetztes Stück-Popkorn-Kino mit einer rasant fortschreitenden, actiongeladenen Handlung; die durchaus viel Spannungs- und Unterhaltungspotential mit sich bringt.
Auch tut „World War Z" das komplett geänderte alternative Ende (der Film sollte ursprünglich deutlich düsterer mit einer gigantischen Schlacht in Russland enden) sehr gut; weil es eben kurz vor dem totalen Actionoverkill den Fuß vom Gaspedal nimmt und mit seinem klaustrophobischen Labor-Setting und der Verlegung des Schwerpunkts von Action auf Spannung sogar noch in die Kinofassung einen Hauch echten Zombiehorrors bringt; da die Toten im Rest des Films meist unkenntlich als CGI-Masse auftraten.
Einzige wirkliche Kritik (also unter dem Gesichtspunkt des anspruchslosen Blockbusters) die sich „World War Z" allerdings gefallen lassen muß, dass man den Film zu Gunsten des PG-13-Ratings wirklich von nahezu jeden Tropfen Blut und den meisten Härten befreit hat, und der Streifen dadurch tatsächlich viel zu Soft daher kommt.
Dafür gibt's aber die...

Unrated-Fassung - ...welche diesen Missstand, zumindest für den Heimkinosektor, weitestgehend aus der Welt schafft. Zwar wird „World War Z" nun auch nicht zum Splatterfest; doch mit satten 7 Minuten an aufgehobenen Action-, arte-, Blut- und Gewaltzensuren, welche aber den nahezu kompletten Film verteilt sind, wurde dem entschärften Ston prichwörtlich die Würze wiedergegeben. So wirken die Actionszenen sowohl intensiver als auch härter, es gibt vereinzelt ut zu sehen und auch das Gesamte Weltuntergangs-Szenario wirkt sichtlich düsterer.

s Musterbeispiele für kleine, aber gravierende Veränderungen sind etwa die Szene mit dem Apotheker (wo nun eine eiche hinterm tresen liegt), oder das Verhör mit dem CIA-Agenten (der sich in der Unrated auch selbst die Zähne zieht) zu ennen, aber auch gelegntliche Ansichten einzelner Zombie-Angriffe und ein deutlich beherzterer Umgang seitens auptfigur Gerry gegenüber den Untoten. So macht die Unrated-Fassung aus „World War Z" zwar keinen neuen, doch aber nen sichtlich besseren Film.

FAZIT:

t man ein Verehrer der Vorlage, des anspruchsvollen rthouse-Kinos, oder kann man mit modernen Zombies lgemein nichts anfangen; sollte man einen weiten Bogen n den Film machen.
löchte man sich aber den Kopf mal in den Ruhe-Modus halten und sich von ordentlicher, durchaus spannend eratener Daueraction mit einem Schuss Horror berieseln ssen; so kommt man bei diesen 200-Millionen-Blockbuster urchaus auf seine Kosten. **7 von 10 Punkte.**

DIE 3D BLU RAY:

ne kleine Überraschung bietet die 3D-Version für das eimkino.
enn Dieses ist (besonders wenn man bedenkt, dass es sich n eine Konvertierung handelt) besonders was die ldqualität angeht absolute Spitzenklasse und der schon ehr guten 2D-Version weit überlegen. Das dürfte daran liegen, dass man (zu Gunsten der nötigen Helligkeit) bei der dreidimensionalen Variante auf die stilistischen Farbfilter verzichtet hat, wodurch das Bild deutlich natürlicher und klarer Wirkt; was einer ausgeprägten und dauerhaft bemerkbaren Tiefenwirkung sehr zu Gute kommt.
Pop-Outs dagegen sind etwas rarer gesät und beschränken sich meist auf Staub-, bzw. Aschepartikel und Regen. Es gibt aber auch durchaus vereinzelte Szenen in denen mal das Heck eines Hubschraubers kurz aus dem Bildschirm ragt, oder einem bei einer Explosion umherfliegende Trümmer und Splitte entgegen fliegen.
Zudem waren über den ganzen Film keine Ghosting-Effekte zu vernehmen.
Insgesamt also eine überaus solide, wenn auch nicht überragende, 3D-Umsetzung mit großartigen Bild.
Einziger Wermutstropfen (hier nicht für die Punktevergabe relevant): Es gibt nur die schwächere Kinofassung in 3D. Die Unrated-Version liegt gibt's allerdings als 2D-Version mit bei.
7,5 von 10 Punkte.

GRINDHOUSE LOUNGE:

DEATH WISH 3 -

DER RÄCHER VON NEW YORK

Paul Kersey ist zurück!
Nachdem mittlerweile seine ganze Verwandtschaft vergewalti[gt]
und getötet; und die Täter von ihm persönlich in die ewigen
Jagdgründe geballert wurden, hatte sich der Rächer mit dem
stoischen Gesicht erst mal aufs Land verzogen, um ein Bissche[n]
abzuschalten.
Da es ihm dort offenbar dann doch etwas zu langweilig wurde,
macht er sich nun auf, zurück nach New York, um seinen alten
Korea-Krieg-Kameraden Charley einen Besuch abzustatten.
Leider aber hat dort, unbemerkt vom Rest der Welt, offenbar
die Apokalypse stattgefunden und bösartige Gangs mit
Kriegsbemalung beherrschen die Straßen und tyrannisieren di[e]
armen Einwohner der Sozialsiedlungen.
Auch Kumpel Charly fällt diesen zu Opfer.
Kersey kommt gerade noch rechtzeitig genug an um seinen
Freund sterben zu sehen, und sich von der anrückenden Polize[i]
als vermeidlicher Mörder einknasten zu lassen.
Nach einer etwas holprigen Nacht hinter schwedischen
Gardinen, in deren Zuge er den Glatzkopf eines Rüpels durch
die Gitterstäbe schiebt und selbst etwas Prügel bezieht, wird e[r]
ins Büro des Captains Shriker zitiert.

Dieser zieht ihm erst mal, wegen des lockeren Mundwerks, ne saftige Schelle und bekommt dafür sogleich von Kersey eine[n]
Tritt ins Bohnensäckchen serviert.
Nach diesem herzlichen Aufeinandertreffen offenbart sich Shriker dann aber als großer Fan von Kerseys bisheriger Arbeit i[n]
der Verbrechensentsorgung und bietet ihm an, ein Auge zu zudrücken und einen Freischein zu erteilen, damit Dieser die
Kriminalitätsrate mit seinen speziellen Methoden senken kann. Dieser nimmt das Angebot freudig an und bezieht die
Wohnung des toten Kumpels. Das groß Reinamchen im Viertel kann beginnen...

KRITIK:

Liebe Klasse B des Filmausweider-Geschichtskurs für
filmhistorische Supergülle.
Heute begeben wir uns mal wieder in die Hochzeiten der
hochmoralischen und bis zum Erbrechen reaktionären
Actionfilmkultur – die 80er!
Im Zuge der Reagan Ära brachte Hollywood so manch
kurioses Filmchen, eigens für das Wohlbefinden der
amerikanischen Seele auf die Leinwand. Sei es die vor
Pathos triefende „Delta Force", die Ein-Mann-
Kampfmaschinen „Rambo", „Braddock" , „John Matrix" aus
„Phantom Kommando" und Marion Cobretti aus „Cobra",

... der eben der fleischgewordene beschnauzerte Rache-Engel Charles Bronson in seiner Paraderolle als Paul Kersey, der den absolute Höhenpunkt seines satte fünf Filme umfassenden Rache-Tripps stellt der hier vorliegender „Death Wish 3" dar, den man zugleich auch zu den legendärsten Actionkrachern seiner Zunft zählen kann.
War der erste, von Dino de Laurentis produzierte Teil noch ein durch die Bank zynisches und hartes Rache-Drama, nahmen ab den zweiten Teil Yoran Globus und Menahem Golan von der Action-Schmiede Cannon Films das Steuer in die Hand und lenkten die Reihe in eine deutlich actionorientiertere Richtung.
Gab es schon im zweiten Teil deutlich mehr Schießereien, wurde der Hang zur Action dann im dritten Teil vollends auf die Spitze getrieben.
Micheal Wimmer, der schon die ersten beiden Teile inszenierte, durfte nun eine Rache- und Actionorgie sondergleichen, auf die Beine stellen. Man muss es gesehen haben, um es zu glaube.
So gleicht das New York des dritten Teils der Kulisse eines Endzeit-Films. Verfallene Straßenzüge, die aussehen, als hätte in der Nähe eine Atombombe eingeschlagen, auf denen die Bürger des Spaßes halber ausgeraubt, oder vergewaltigt werden; von Gang-Mitgliedern (Punks mit Kriegsbemalung), die selbst „Mad Max" das fürchten lehren würden und auch vor armen Rentnern nicht halt machen. Und eine restlos nutzlose Polizei die höchstens dazu gut ist die nbescholtenen Einwohner zu entwaffnen, und den Kriminellen somit die Raubzüge zu erleichtern.

... nach erlittenen Unrecht das Gesetz in die eigenen Hände nimmt und die Punks von den Straßen pustet.

Charles Bronson mutiert in „Der Rächer von New York" vom Alltagsheld zur fleischgewordenen Comic-Figur und haut dermaßen auf die Kacke, dass dieses bis an die Decke spritzt. Diesmal quasi ohne Jede Zügel und von der Staatsgewalt unbehelligt, stellt er schon mal einen Neuwagen ins Ghetto und legt sich auf die Lauer, um die spitzbübischen Autodiebe sogleich auf frischer Tat abzuknallen, oder mach einen kleinen Spaziergang mit einer umgehängten Nikon, um den so aus der Reserve gelockten Handtaschendieb. beim weg sprinten, mit einen Elefantentöten in den Rücken zu ballern – das alles unterm schallenden Applaus der Nachbarschaft. Das muss man gesehen haben!

Der filmgewordene Alptraum eines jeden Waffen liebenden, an Gott und Vaterland glaubenden Rechtspopulisten also. Klar, dass man für so ein Problem keinen Jedermann, sondern einen Über-Held braucht. Den unzerstörbaren Prototyp des 80er-Jahre-Sperrächers! Ein Mann der ohne mit der Wimper zu zucken den Abzug drückt! Ein Mann der Fressen poliert! Ein Mann der durchs Feuer geht! Ein Mann der Ziegelstein kackt!

Kann er mal nicht vor Ort sein, dann baut er Fallen, bei denen selbst McGuyver vor Neid die Kinnlade runter fallen würde. Sei es eine riesige umgekehrte Mausefalle („Was ist das?", fragt die irritierte Rentnerin, worauf hin Casey grinst und antwortet „Zähne"), oder ein unterm Fenster platziertes Nagelbrett.
Seien Feuerkraft bekommt er übrigens (aus nicht näher erklärter Quelle) per Paket-Post zugeschickt, oder vom

Nachbarn (der in seinem Kleiderschrank ein MG parkt) ausgeliehen.

Ja, wenn Charles Bronsons Charakter für Gerechtigkeit sorgt, ist dass für Leute, die sich an übertrieben Blödsinn ergötzen können, purer Quell von Freude und Heiterkeit.
Als krasser Kontrast zu den spaßigen Elementen des Films, geht's aber auf der Gegenseite extremst böse und beinhart zur Sache. Neben einer expliziten Vergewaltigung (darf in der Reihe ja nicht fehlen), erwischt es auch so einige der durchweg sympathischen Nebencharaktere; und das nicht selten auf sehr drastische Weise.

Auf hohen Niveau befinden sich auch der Cast des Films. So stehen Charles Bronson unter Anderen Martin Balsam („Delta Force", „Stoppt die Todesfahrt der U-Bahn 1-2-3") und Ed Lauter („Starship Troopers 2", „Der City-Hai") zur Seite; wehrend bei den Bösen der junge Alex Winter („Bill und Teds verrückte Reise durch die Zeit"), Rico Ross („Wishmaster", „Shadowchaser 3", „Das dreckige Dutzend 2") und eine wunderbar fieser Gavan O´Herlihy(„Descent 2" „Superman 3") für Angst und Schrecken sorgen.

FAZIT:

Schier unglaubliche, vor Selbstgerechtigkeit, Zynismus und Gewalt triefender Höhepunkt der „Death Wish"-Reihe, die immer wieder zischen derben Terror-Schocker und comichafter Action hin und her springt und einfach nur Laune macht. Ein durchweg perfekter Film für Freunde altmodischer. Reaktionärer Over-The-Top-Action.
Einzig der süßlich romantischen Subplot mit Loveinterest Deborah Raffin („Scanners 2") wirkt reichlich deplatziert.
8,5 von 10 Punkte.

FREIGABE:

Der Film erschien in Deutschland nur radikal zensiert auf VHS und wurde dann trotzdem noch indiziert.
Uncut gabs ihn erst mit „schwerer JK – strafrechtlich unbedenklich" auf DVD von MGM. Diese ist aber mittlerweile OOP.
Wer auf deutschen Ton verzichten kann, sollte zu US-Blu Ra greifen. Welche trotz Region:A-Marke tatsächlich Codefree ist und über ein sehr gutes Bild und HD-Audio verfügt.

Drastisch geht es dann auch im Grande Finale zur Sache. Wenn die Banden mit Unterstützung beigerufener Rocker gegen die Einwohner zur Häuserschlacht blasen und der Bodycount in den dreistelligen Bereich schießt und Casey auch mal zu Bazzuka; ist das großes Kino auf Rambo-Niveau!

THE WALKING DEAD

5 MÖGLICHE SZENARIEN FÜR DAS SPIN-OFF

s kommt, wie es kommen musste. Fans der beliebten Zombie-Splatter-Soap „The walking Dead" können sich in Zukunft
ber eine weitere Serie, basierend auf dem weltweit hoch erfolgreichen und Zuschauerrekorde brechenden TV-Format,
euen; welche sich zur Zeit in der Endwicklung befindet. Doch worum (natürlich abgesehen von Zombies) wird es darin
ehen? Was erwartet uns in der zweiten „The walking Dead"-Serie?
nser Zombie-Experte Andreas Port hat sich mit einer Flasche Jägermeister und einem Notizblock in seinen DVD-Keller
esetzt und gründlich Gedanken darüber gemacht.
ier die fünf wahrscheinlichsten Szenarien für das „The walking Dead"-Spin-Off.

: TWD: Miami

ie einfachste und leider wahrscheinlichste Möglichkeit,
äre ein simpler Locationwechsel mit einer neuen
ruppe. Die vereinigten Staaten sind groß und bieten eine
ielzahl an möglicher Staaten, die einen krassen
ptischen Kontrast zu Georgia (wo die Ur-Serie spielt)
nd auch ganz andere Personentypen bieten.
tellt euch etwa einen beinharten Miami-Cop a la Horatio
ane (bitte nicht!) vor, der Überlebende durch die
ombieverseuchten Sümpfe führt. Oder eine Gruppe
eurotischer New Yorker, die im U-Bahn-System New
orks ums Überleben kämpfen, oder Zombies in Alaska....
as Model einer Simplen Umsiedlung der Handlung, nach
SI"-Vorbild, in ein anderes Eck Amerikas ist die
infachste und sicherste Möglichkeit ein Spin-Off zu
ntwickeln.
chließlich hält man so auch weitestgehend an einem
ereits bewährten Rezept fest. Man mutete dem
eschmack der zahlreichen Zuschauern keinen große
mgewöhnung zu, sondern liefert die bereits
nktionierende Serie einfach in einer neuen Verpackung,
nd hofft, dass es benfalls so gut funktioniert, oder
ielleicht sogar neue Zuschauer generieren kann.

Zudem wurde bereits vom TWD-Schöpfer Robert
Kirkman bestätigt, dass das Spin-Off definitiv nicht in
Georgia spielen wird.
Wodurch sich in diesem Fall eigentlich nur noch die Frage
nach der neuen Gruppe stellt; und wie diese aussehen
könnte. Eine interessante und gar nicht mal so abwegige
Möglichkeit wäre da...

2: THE LOST PLATOON

Schon beim guten alten Romeo war auch das Militär ein
wichtiger Bestandteil der Zombie-Apokalypse;
thematisiert in (teils) „Dawn of the Dead", „Day of the
Dead" und „Survival of the Dead". Und auch in „The
walking Dead" ist das Militär (bzw. deren Überbleibsel)
regelmäßig zu sehen.
Eine „The walking Dead"-Serie die sich um eine Einheit
der Army, oder vielleicht Söldnern dreht, könnte
durchaus interessant werden und hätte zudem auch eine
ganz andere Gruppen-Dynamik, da es sich hier eben nicht
um Zivilisten handelt, sondern um Menschen, die für
Krisengebiete geschult wurden. Noch interessanter
könnte man das machen, wenn etwas Kontakte zu den

Überbleibsein der Regierung bestünden und man den Wiederaufbau Amerikas thematisieren würde.
Oder wie haben sich eigentlich die vielen Militär-Basen geschlagen, die übers Land verstreut sind?
Müssen die wirklich alle gefallen sein?
Eine Serie die sich darum kümmern würde, dass das Militär im möglichst guten Licht da steht, hätte für AMC zudem den Vorteil, dass das Pentagon sich bei solchen Produktionen sehr gern beteiligt.

Bub – Day of the Dead

3. DAS (ALP)TRAUMSCHIFF!

Eine weiter und von Andruw „Rick" Lincoln ins Spiel gebrachte Idee, wäre die Handlung vom Festland rauf aufs Meer zu verlegen.
Etwa ein Kreuzfahrtschiff, dass wehrend der Apokalypse nicht mehr anlegen konnte und nun nach einer neuen, zombiefreien Heimat sucht. Zum einen hatte man den Vorteil, dass man somit eine dauerhafte Location hat und somit Produktionskosten einsparen kann und viele kreative Möglichkeiten, wie etwa Landbesuche, oder Meutereien hat.
Auch könnte man es mit dem militärischen Aspekt mischen und eine Art „Das letzte Ufer" machen, in dem die Bestzung eines U-Boots oder eines Kriegsschiffs durch die Meere tingelt.

4. DEAD ISLAND

Alternativ würde sich auch eine Insel anbieten. Dabei muss es noch gar nichts mal Etwas Exotisches sein, wie in „Dead Island", da es vor der US-Küste reichlich bewohnte Inseln mit kleinen Gemeinden gibt, die von der Zombie-Apokalypse gar nicht mal so hart getroffen worden sein müssen und ums Überleben kämpfen könnten. Auch eine Location, die bereits Stephen King in seiner Kurzgeschichte „Hausentbindung" und Romero in „Survival of the Dead" genutzt hat.

5. DAS PREQUEL

Zuletzt wurde auch eine Möglichkeit ins Spiel gebracht, die Robert Kirkman zumindest in der Original-Reihe nicht haben möchte und auf welche er auch in der Comic-Vorlage konsequent verzichtet hat. Zu zeigen, wie die Zombie-Apokalypse sich ereignet hat und wie alles Verlaufen ist, bevor die Zivilisation zusammengebrochen ist.
Diese Möglichkeit ist allerdings eher unwahrscheinlich. Einerseits, wegen eben angesprocher Weigerung seitens Kirkman, Andererseits weil so ein Prequel alles andere als günstig ausfallen würde und AMC gern möglichst an Budget spart. Ein Grund übrigens, warum die Grtupper in „The walking Dead" pro Staffel stets an einem Ort verbleibt.
...Interessant wäre es aber trotzdem.

Natürlich aber gibt es auch die Möglichkeit, dass von allen 5 Szenarien ein Bisschen was verwendet wird, wie das Beispiel mit dem Kriegsschiff.

Ihr wollt über „The walking Dead" immer auf dem Laufenden sein? Besucht unser Partner-Seite „**The walking Dead Germany**" auf Facebook. Mit über 260.000 Fans deutschlands größte Fan-Seite.

Und wenn ihr u.a. Lauren Cohan und Michael Rooker persönlich begegnen wollt, dürft ihr euch die **InfeCtiON** (vom 14. bis 16.02.) in Düsseldorf nicht entgehen lassen. Mehr dazu unter: www.ent-events.de